MON CAHIER

W0242607

INTUITION

— LINDA DIGUET —

ILLUSTRATIONS
INTÉRIEUR : AUDREY BUSSI
COUVERTURE : ISABELLE MAROGER

SOLAR EDITIONS

INTRODUCTION

Imaginez : prendre une décision parce que vous « sentez » que c'est la bonne. Faire confiance à telle ou telle personne parce que, là encore, vous savez, sans trop savoir pourquoi, qu'elle va apporter du bonheur dans votre vie. Ça fait rêver, non ?

Eh bien, non, vous ne rêvez pas ! L'intuition est bien réelle (si, si) ! Même pour vous qui êtes archi-sûre de ne pas en avoir, trop cartésienne, et bien loin d'avoir ce genre de capacités subtiles… Première bonne nouvelle : vous en avez, comme tout le monde. Certes, l'intuition a un petit côté « magique », mais ce n'est pas de la magie, et elle n'est pas non plus réservée à quelques initiés. C'est une faculté à la portée de tous ! La deuxième bonne nouvelle, c'est que vous pouvez apprendre à l'écouter, la développer et plus si affinités.

Petite voix intérieure, idée fulgurante, ou encore mauvais pressentiment, l'intuition est un véritable « GPS » personnel pour vous indiquer la voie à suivre. Objectifs : mieux cerner vos besoins, vos envies, vos aspirations profondes, prendre les bonnes décisions et passer à l'action. Cap sur votre bonheur !

Enfin, troisième bonne nouvelle *(last but not least!)* : ce cahier est fait pour vous aider. D'ailleurs, qui sait si votre intuition ne vous a pas (un peu) conduit jusqu'à lui ? Vous allez pouvoir apprendre à vous en servir, distinguer votre petite voix intérieure de celle de la peur, ou encore de vos désirs, et vous sentir (enfin !) libre de suivre votre intuition.

Conseils pratiques, petits exercices, mini-dictionnaire des rêves, sélection de rituels pour vous connecter à votre intuition en toute saison et bien d'autres choses encore… On a réuni pour vous le meilleur des outils pour trouver l'appartement ou le garçon fait pour vous, saisir les opportunités qui vous aideront à réaliser vos projets, écouter votre intuition à chaque instant… Bref, pour toucher du doigt cette magie qui prend soin de vous et mène à votre bonheur.

Alors, qu'est-ce que vous attendez pour libérer votre potentiel intuitif ? Révélez la petite étoile qui vous guide !

TEST

Quelle intuitive girl êtes-vous ?

Quelle place l'intuition occupe-t-elle dans votre vie ? Y croyez-vous ? L'écoutez-vous ? Savez-vous la reconnaître ? Entourez les réponses qui vous correspondent le mieux et reportez-vous ensuite à votre profil. À vos stylos !

Pour vous, l'intuition c'est…

□ Une alliée du quotidien.

○ Un truc mystérieux auquel vous ne comprenez absolument rien.

△ Un must have dont vous êtes assez curieuse.

Vous devez prendre une décision importante :

○ Vous pesez le pour et le contre pour trouver la meilleure solution.

□ Vous tirez les cartes. Rien de mieux pour y voir plus clair !

△ Vous ne l'avouerez peut-être pas en public… Vous vous montrez attentive aux signes. Vous ne savez pas trop pourquoi (un peu par superstition, peut-être ?). Toujours est-il que ça vous rassure…

La rue est complètement embouteillée, vous décidez…

△ D'attendre. Malheureusement, c'est le seul chemin que vous connaissez.

□ De vous en remettre au hasard. Dès que vous le pourrez, vous tournerez à la prochaine à droite et en avant l'aventure !

○ De brancher votre GPS. Option : trajet le plus court.

Vous rencontrez une nouvelle personne. Elle vous fait mauvaise impression, vous vous dites que…

○ La première impression n'est jamais la bonne.

□ Vous devez vous méfier de cette personne.

△ Vous allez apprendre à la connaître, mais restez sur vos gardes.

Lorsque vous visitez un lieu, vous êtes sensible à :

○ L'emplacement, sa proximité avec les commerces, moyens de transport et autres commodités.

△ L'agencement et la déco (vous êtes toujours à l'affût de nouvelles idées pour embellir votre intérieur !).

□ L'atmosphère et vos sensations. Pour vous, c'est important de vous sentir bien quelque part.

Ce matin, vous êtes en retard et votre voiture ne démarre pas. Vous pensez…

- △ Ce n'est pas grave. Ça ne vous arrange pas, mais vous restez sereine. Vous allez prévenir que vous êtes en retard. Ensuite, vous trouverez bien une solution.
- ○ Pourquoi vous ? Et aujourd'hui, en plus ! Il va falloir revoir toute votre organisation de la journée. Ça y est, vous êtes stressée !
- □ Ce n'est pas fluide. Vous ne sentez pas cette journée, vous préférez rester chez vous.

Vous devinez qui vous appelle avant que le téléphone ne sonne. Comment réagissez-vous ?

- ○ C'est normal, cette personne devait vous appeler.
- △ Coup de chance ! Pour une fois que ça vous arrive…
- □ Eh oui, c'est votre intuition qui vous l'a dit !

Vous faites un mauvais rêve. Vous vous empressez de…

- □ Consulter votre livre sur la signification des rêves.
- ○ Vous rendormir. Vous voulez être en forme demain matin.
- △ Constater que quelque chose vous préoccupe.

Vous avez acheté *Mon cahier Intuition* parce que…

- □ Votre intuition vous a déjà énormément aidée, et vous souhaitez la développer.
- ○ Vous ne savez pas, vous vous en étonnez vous-même.
- △ Vous êtes curieuse de découvrir ce qui se cache derrière. Qui sait, ça pourra peut-être marcher sur vous ?

FAITES LES COMPTES !

□	○	△

Vous avez une majorité de ○ : *vous êtes plutôt miss logique.*

Vous aimez comprendre ce qu'il se passe et agir de façon concrète. Résultat, vous laissez peu de place à l'intuition. Pourtant, vous en avez (si, si !) et si vous l'écoutiez, elle pourrait vous éviter de passer trop souvent à côté de vos besoins et envies. Non, l'intuition n'est pas un truc ésotérique bizarre, c'est même très concret puisqu'elle se manifeste dans votre corps ! Alors, faites-vous une raison : faites place à l'intuition ! Ce cahier va vous aider à reconnaître votre intuition et, surtout, à l'écouter ! Vous y trouverez des techniques pour apprendre à décoder les signes, trouver des réponses concrètes à vos questions et agir au mieux en adéquation avec vos besoins et vos envies.

Vous avez une majorité de △ : *vous êtes curieuse et ouverte à… l'intuition !*

Peut-être avez-vous, chez vous, des jeux de cartes, CD de méditation guidée ou livres de développement personnel. Vous êtes sans cesse à la recherche de nouvelles idées pour vous inspirer et progresser dans tous les domaines de votre vie. Ça tombe bien, l'intuition en fait partie ! Malheureusement, vous ne savez pas toujours comment l'utiliser et doutez parfois de vos capacités… Et si la solution, c'était de commencer par lui faire confiance ? Ce cahier va vous donner toutes les clés pratiques pour prendre confiance en vous et en votre intuition. Au travers de petits tests, vous apprendrez à évaluer votre degré de confiance, l'améliorer en vous familiarisant avec votre intuition et, ainsi, libérer votre potentiel intuitif !

Vous avez une majorité de □ : *vous êtes une intuitive girl !*

Connectée à votre intuition, vous savez repérer les signes. Vous êtes rapidement capable de cerner les gens et les situations pour prendre les bonnes décisions, mais attention : dotée d'une grande sensibilité, vous pouvez parfois vous laisser « happer » par vos émotions et les confondre avec de l'intuition. Ce cahier va vous montrer comment approfondir ce qui est déjà acquis pour vous et aiguiser votre intuition.

Chapitre 1

L'intuition, comment ça marche ?

Petite voix, sixième sens, boussole intérieure, « feeling », instinct… Autant de mots pour désigner l'intuition. Mais qu'est-ce que c'est, au juste ? À quoi ça sert ? Et comment ça marche ? À la lumière des dernières recherches scientifiques, d'une approche plus psy et spirituelle (sans oublier la vie d'artiste !), l'intuition n'aura bientôt plus de secret pour vous…

Mais au fait, l'intuition, c'est quoi ?

Un mot énigmatique, la faculté de percevoir, comprendre et agir au mieux, une source d'inspiration, la messagère de notre inconscient, un moyen de faire son « coming out » spirituel… L'intuition, c'est un peu tout ça à la fois, mais c'est surtout un puissant révélateur personnel pour devenir qui nous sommes vraiment !

Un mot énigmatique

D'origine latine, le mot « intuition » est composé de *in* (dans) et *tueri* qui signifie « regarder attentivement ; avoir la pensée fixée sur ». Littéralement, il s'agit de regarder à l'intérieur de soi pour accéder à une connaissance immédiate sans avoir recours à l'expérience ou au raisonnement. Mystérieux, non ? Levons tout de suite le voile sur une partie de ce mystère à l'aide des neurosciences !

Une forme d'intelligence… pour tous !

Vous allez être heureuse d'apprendre que l'intuition n'est pas réservée à quelques happy few, encore moins magique, mais tout simplement… logique ! Pour simplifier, et d'après les neurosciences, notre cerveau emmagasine à chaque instant une quantité phénoménale d'informations (pouvant atteindre jusqu'à 1 million de milliards de bits !), dont nous n'avons même pas conscience. Du plus petit détail, comme la couleur des chaussettes de votre voisin de bureau, aux traditionnelles tables de multiplication, notre cerveau classe, trie, analyse, compare les données, pour nous faire arriver à une conclusion, qu'il garde pour lui, en veille, jusqu'au moment venu. D'où une espèce d'intuition : on ne sait pas comment ni pourquoi, mais on sait, c'est tout. Bref, l'intuition serait le résultat de plein de petites infos que vous auriez relevées sans vous en rendre compte. C'est l'intelligence intuitive !

L'intuition n'a pas de sexe !
Vous vous dites que si l'intuition est une capacité de notre cerveau, à la portée de tous : qu'en est-il de l'intuition « féminine » ? Existe-t-elle vraiment ? Eh bien, non. Les hommes ont autant d'intuition que les femmes, comme en témoigne une expérience où hommes et femmes devaient distinguer, sur une série de photos, un vrai sourire d'un faux. Résultat, 71 % des femmes ont réussi à détecter les sourires forcés contre… 72 % des hommes ! Alors, d'où vient ce préjugé ? Cette croyance populaire remonte à des siècles, lorsque penseurs et philosophes s'accordaient à dire que les femmes étaient plus émotives, et donc plus intuitives que les hommes doués, eux, de raison. La bonne nouvelle, c'est que les femmes étant toujours associées à l'intuition, elles l'assument plus volontiers. Ça tombe bien, les filles, c'est la première étape pour transformer l'intuition en atout ! *Girl power !*

Cerveau droit ou gauche ?
Les deux ! Le cerveau a longtemps été séparé en deux : à droite le siège de l'intuition, de l'imagination et de la vision globale ; à gauche la logique, l'analyse et le souci du détail. Or, de récentes découvertes montrent que nos deux hémisphères cérébraux fonctionnent ensemble, et non séparément. L'intuition n'est donc en rien opposée à la logique. Au contraire, elles sont complémentaires ! La mobiliser, c'est pousser les capacités de votre cerveau au maximum.

La sœur jumelle de la créativité

N'importe quel artiste vous le dira : intuition et créativité sont liées. Comme l'intuition, la créativité est universelle : nous pouvons tous être créatifs. Il peut s'agir de créativité artistique au sens large, comme de la capacité à créer quelque chose de nouveau, de malin, de pratique pour résoudre un problème du quotidien. Dans les deux cas, la créativité nous impose de sortir des sentiers battus et de laisser libre cours à notre inspiration du moment, autrement appelée « intuition artistique ». En clair, plus on est créative, plus on s'exprime, mieux on se connaît, et plus facilement on se connecte à son intuition. L'inverse est vrai. En développant votre intuition tout au long de ce cahier, vous allez vous ouvrir aux symboles, à l'imprévu, et faire le plein d'inspi (de quoi devenir encore plus créative !). C'est pas génial ?

Une porte ouverte sur l'inconscient

D'après le psychiatre Carl Gustav Jung (1875 – 1961), fondateur de la psychologie analytique, l'intuition est la messagère de notre inconscient. À la manière d'un projecteur géant, elle met en lumière nos besoins, nos envies et nos aspirations profondes – tapis dans l'obscurité de notre inconscient –, notamment au travers de nos rêves. Pourquoi ? Pour nous encourager à réaliser nos rêves, nos envies et, surtout, nous mettre sur la voie de notre évolution intérieure. Ça fait… rêver, on peut le dire !

L'inconscient, qu'est-ce que c'est ?
L'inconscient, c'est tout ce qui échappe à notre conscience. Bête noire pour les uns (caverne de nos peurs, de nos hontes, de nos facettes obscures ou de nos traumas), réservoir de ressources et autres pouvoirs cachés pour les autres, l'inconscient profite bien souvent d'une baisse de vigilance de notre part pour s'exprimer par des moyens détournés, comme le lapsus (avez-vous déjà appelé votre mec par le prénom de votre ex ? Oups !), l'acte manqué (du genre, envoyer un mail au mauvais destinataire…), les rêves ou encore… l'intuition. En bref, ce sont autant de messages que notre inconscient nous envoie pour nous rappeler à l'ordre et… à nos vrais désirs !

Un puissant révélateur personnel

Vous l'aurez compris : l'intuition nous permet d'accéder à l'intégralité de notre être, notre part consciente comme inconsciente. Elle nous révèle nos besoins, nos envies, nos aspirations profondes, même celles que l'on ne s'avoue pas (eh oui ! elle nous connaît trop bien !), et, surtout, elle nous pousse à l'action. Alors, prête à devenir la femme puissante que vous êtes ? C'est parti !

Il était une fois…

L'intuition, chemin d'accès à la connaissance…

De tous temps, les hommes ont considéré l'intuition comme une source de savoirs, capable de révéler la nature exacte des êtres et des choses, et même de sagesse (pour les Orientaux, qui n'hésitent pas à la comparer au troisième œil). D'ailleurs, René Descartes (1596 – 1650) lui-même disait : « Il n'y a pas d'autres voies qui s'offrent aux hommes, pour arriver à une connaissance certaine de la vérité, que l'intuition évidente et la déduction nécessaire. »

… dévalorisée à partir du XVIe siècle…

Pour autant, faute de pouvoir toujours l'expliquer, on l'associe rapidement à l'affabulation, la magie et autres superstitions. Par opposition au… scientifiquement prouvé ! La scission entre le monde « réel », autrement dit ce que nous pouvons expliquer, voir et expérimenter, et « l'irréel » que nous ne comprenons pas, devient définitive au siècle des Lumières. Depuis, il faut bien avouer que cette vision binaire persiste encore dans les esprits, mais c'est en train de changer !

… reconnue aujourd'hui… comme mode de vie !

C'est le mouvement *Now Age* (« l'âge du maintenant ») ! L'idée ? Faire son « coming out » spirituel ! Vivre en harmonie dans le monde d'aujourd'hui, en dépassant les clivages matériel-spirituel pour se connecter à son intuition et laisser la magie opérer ! *Become a material girl in a spiritual world* (ou *a spiritual girl in a material world*, ça marche aussi) !

Comment ça marche ? Les 5 formes d'intuition

L'intuition se présente sous différentes formes qui peuvent se combiner entre elles, offrant ainsi un infini de possibilités. Encore faut-il la repérer. L'intuition se manifeste couramment par une impression, une impulsion, une information, une illumination, ou encore une transmission de pensées…

L'intuition-impression

Avez-vous déjà ressenti un danger, et ce, sans raison apparente ? Alors, vous avez expérimenté l'intuition-impression. C'est la forme la plus courante de l'intuition. Son apparition peut provoquer une sensation de gêne, de malaise ou de crainte. Elle est plus facilement repérable en cas de danger.

Je repère dès maintenant les moments où j'ai eu une « impression » et je les note ici.
Par exemple : vous n'y pouvez rien, cette personne ne vous inspire pas confiance… De même, vous visitez un lieu, dans lequel vous ne savez pourquoi, vous ne vous sentez pas bien (c'est par où la sortie ?).

1. ……………………………………………………………
2. ……………………………………………………………
3. ……………………………………………………………

Qu'ai-je ressenti à ce moment-là ?

……………………………………………………………
……………………………………………………………
……………………………………………………………

Qu'ai-je pensé à ce moment-là ?

……………………………………………………………

Que s'est-il passé après-coup ?

……………………………………………………………

L'intuition-impulsion

Comme son nom l'indique, l'intuition-impulsion pousse à l'action. Vous avez soudain envie, besoin de faire quelque chose… Par exemple : vous décidez de changer de trottoir et tombez nez à nez avec une vieille connaissance. Quelle chance ! L'intuition-impulsion surprend par sa spontanéité ; elle nous met en mouvement.

Instinct ou intuition ?
On emploie souvent le mot « instinct » pour parler d'intuition. Mais ce n'est pas tout à fait pareil. L'instinct est une pulsion, elle implique souvent un passage à l'acte, une mise en action, alors que l'intuition est avant tout une perception. « Quand le corps fonctionne spontanément, on appelle cela l'instinct. Quand l'âme fonctionne spontanément, on appelle cela l'intuition. Les deux sont au-delà de l'intellect, et les deux sont bons. » (Osho, gourou indien)

Je repère dès maintenant les moments où j'ai subitement eu envie ou besoin de faire quelque chose sans comprendre pourquoi :

1. ……………………………………
2. ……………………………………
3. ……………………………………

Qu'est-ce que j'ai fait à ce moment-là ?

……………………………………

Qu'ai-je pensé à ce moment-là ?

……………………………………

Que s'est-il passé après-coup ?

……………………………………

L'intuition-information

Tout à coup, une information vous parvient. Elle peut prendre la forme d'une image, une couleur, un son, la fameuse petite voix qui vous dit : « Vas-y ! » ou « Méfie-toi »… L'intuition nous donne alors une information clé dont nous allons avoir besoin, généralement peu de temps avant la survenance d'un évènement. Par exemple : la veille de partir en vacances, vous pensez à votre assurance et décidez de prendre le numéro de téléphone avec vous, juste au cas où. Quelques jours plus tard, vous avez un accident. Heureusement, vous avez le numéro de votre assureur ! De même, vous cherchez votre prochaine destination de vacances ou, résolution de rentrée, vous décidez

Je repère dès maintenant les moments où j'ai reçu un message, une information :

1. ……………………………………
2. ……………………………………
3. ……………………………………

Quel était ce message ? Comment s'est-il présenté à moi : par une image ? un son ? une sensation ?

……………………………………

Qu'ai-je pensé à ce moment-là ?

……………………………………

Que s'est-il passé après-coup ?

……………………………………

de vous mettre au sport. Vous peinez à trouver… lorsqu'apparaît, dans votre boîte aux lettres, un prospectus : super-promotion pour un voyage en particulier, ouverture d'une salle de sport à proximité de chez vous… C'est, pile, l'information que vous cherchiez !

L'intuition-insight

C'est là où tout s'éclaire ! Vous avez tourné le problème dans tous les sens, vous n'avez pas trouvé de solution. Et pourtant… Alors que vous êtes occupée à faire complètement autre chose, la solution vous apparaît comme par magie. Vous êtes géniale ! C'est l'intuition-insight, d'où son petit nom : « illumination ». Elle apporte une réponse à un problème ou une situation. Elle est souvent à l'origine de grandes découvertes scientifiques (eh oui ! Qui a dit que l'intuition ne faisait pas partie de la panoplie du parfait scientifique ?). Elle peut aussi être associée à un moment de grâce où l'on se sent connectée à quelque chose de plus grand, comme faire partie d'un collectif, à l'occasion d'un meeting par exemple, ou d'un moment de recueillement.

Je repère dès maintenant les moments où j'ai connu l'effet « Eurêka ! » :

1. ....
....

2. ....
....

3. ....
....

Qu'ai-je ressenti à ce moment-là ? (Tips : l'effet « Eurêka » provoque souvent un sentiment de joie, d'euphorie, voire d'extase. Limite, on a du mal à réaliser… C'est une révélation ! Comme si on s'allumait de l'intérieur.)

....
....
....

Que s'est-il passé après-coup ?

....
....

« Eurêka ! »
On doit cette célèbre expression à Archimède. Observant l'eau déborder de sa baignoire sous l'effet de son poids, il se mit à crier « Eurêka ! » (« j'ai trouvé ! » en grec). C'est l'illumination. Il venait de découvrir la fameuse poussée qui portera plus tard son nom.

L'intuition-transmission de pensées

Pourquoi certaines personnes n'ont pas besoin de se parler pour se comprendre ? Et d'autres ressentent, à des milliers de kilomètres, ce que vit l'un de leurs proches ? Encore controversée, l'intuition-transmission de pensées, autrement appelée télépathie, serait un moyen de communiquer avec une autre personne par la pensée, d'inconscient à inconscient.

Je teste la télépathie !

Durée : 10 minutes chrono

Pour cela, il va vous falloir une dizaine d'images (photos, cartes postales, etc.), du papier et un stylo. L'idéal étant d'être 3 : un « émetteur » qui envoie le message, un « récepteur » (vous) chargé de recevoir ce message et un « contrôleur » qui organise et contrôle le bon déroulement de la séance.

1. Le récepteur se détend dans une pièce, muni de papier et d'un stylo, tandis que dans une autre pièce, le contrôleur présente une série d'images (qu'il est le seul à connaître) à l'émetteur.
2. Celui-ci en choisit une, sans la lui montrer.
3. Le contrôleur s'éclipse, laissant seul l'émetteur, pour rejoindre le récepteur.
4. C'est parti (comptez environ 10 minutes jusqu'à une demi-heure) : l'émetteur se concentre sur l'image choisie, la regarde attentivement et pose une intention en conséquence, pour envoyer un maximum d'informations, par la pensée, au récepteur.

5. Le récepteur, quant à lui, est invité à écrire et dessiner tout ce qui lui vient à l'esprit : mots, phrases, idées, formes, sensations, etc.
6. Lorsqu'émetteur et récepteur ont terminé, le contrôleur présente l'intégralité des images au récepteur qui doit désigner celle qui, selon lui, se rapproche le plus de tout ce qu'il a pu percevoir.

Si l'image et la description coïncident, bingo !

Un point commun, le corps

Quelle que soit sa forme, une chose est sûre : l'intuition court-circuite notre raison et passe par le corps. Nausée, intestins noués, mains moites, picotements, rythme cardiaque qui s'accélère… mais aussi sensation de bien-être et de légèreté. Ce sont autant de signaux que notre intuition nous envoie !

À quoi ça sert ? 5 bonnes raisons d'être une intuitive girl !

Raison n° 1 : Y voir plus clair

Dans ce monde hyper-stimulant où tout va très vite, on oublie bien souvent de s'écouter. Mais c'est sans compter l'intuition. Toujours là, elle ne demande qu'à s'exprimer. D'ailleurs elle le fait, la plupart du temps sans nous demander notre avis. Subitement, on voit ce qu'on n'avait jamais vu avant, ou ce qu'on ne voulait pas voir. Par exemple, vous êtes amie avec quelqu'un, pourtant, quelque chose vous dit que c'est plus de l'amour que de l'amitié. En bref, elle nous aide à y voir plus clair, en nous-même d'abord, puis sur les autres et les choses !

Raison n° 2 : Prendre les bonnes décisions, faire les bons choix

Faire des tableaux +/- pour être sûre (de sûre !) de prendre la bonne décision, c'est super sur le papier. Mais en vrai ? Il est quasiment impossible de tout traiter par l'intellect. Déjà, parce que nous n'avons pas le temps (sauf si vous avez un délai de réflexion *très très* long), ensuite, parce qu'il y a beaucoup trop de données à rassembler. Et puis, au final, la réponse ne nous semble toujours pas la bonne. La solution ? L'intuition ! Rappelez-vous, elle est en mesure de « capter » tout un tas d'informations et, surtout, elle sait ce qui est bon pour vous, alors laissez-la faire !

Raison n° 3 : Faire émerger de nouvelles idées

Vous avez remarqué ? Même les objets sont devenus « intuitifs » (comprenez par là faciles d'utilisation, pas besoin de réfléchir, on sait tout de suite comment faire). Le pionnier : Steve Jobs. Premier ordinateur équipé d'une souris, bibliothèque musicale, jusqu'à l'incontournable iPhone. Mais d'où lui venaient toutes ses idées ? D'une grande capacité de travail… et de l'intuition ! Faire marcher son intuition,

Post-it citation
« Ayez le courage de suivre votre cœur et votre intuition. L'un et l'autre savent ce que vous voulez réellement devenir. Le reste est secondaire. »
(Steve Jobs)

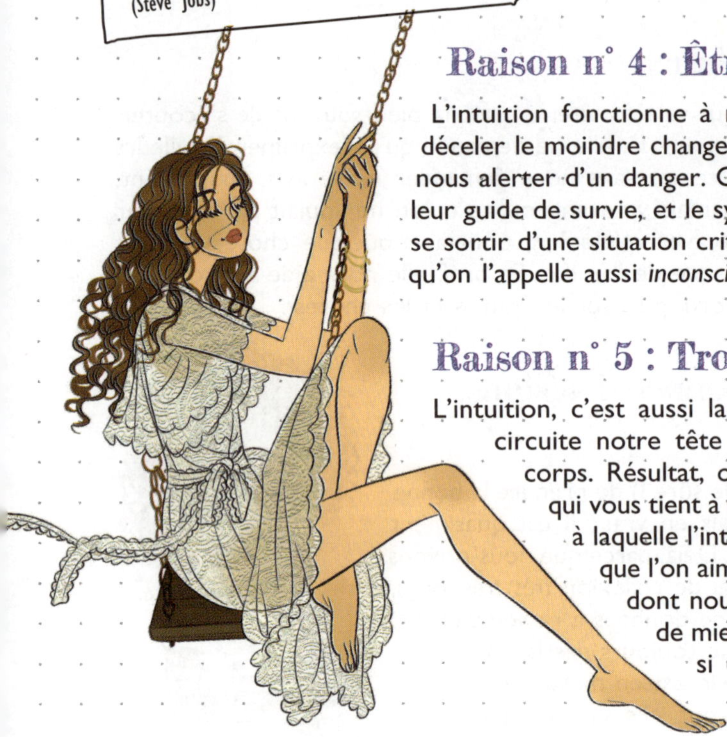

c'est s'ouvrir au « pourquoi pas ? ». Alors, osez, et lancez-vous ! Suivez une piste, un petit éclair d'idée, mûrissez un projet !

Raison n° 4 : Être avertie d'un danger

L'intuition fonctionne à notre insu. Elle est donc capable de déceler le moindre changement dans notre environnement pour nous alerter d'un danger. C'est simplement notre meilleur guide de survie, et le système le plus pratique pour se sortir d'une situation critique (ce n'est pas pour rien qu'on l'appelle aussi *inconscient d'adaptation*).

Raison n° 5 : Trouver sa voie

L'intuition, c'est aussi la voie du cœur. Parce qu'elle court-circuite notre tête pour passer directement par notre corps. Résultat, on se fie à nos « tripes ». « Qu'est-ce qui vous tient à cœur ? » C'est bien souvent la question à laquelle l'intuition répond. Elle nous connecte à ce que l'on aime vraiment, ce qui nous fait du bien, ce dont nous avons besoin au fond de nous : rien de mieux pour se sentir épanouie ! Et comme si ça ne suffisait pas, de satisfaction en satisfaction, elle apporte l'abondance dans notre vie. *Life is magic !*

J'ouvre mon cœur !
Durée : 5 minutes chrono
Et si vous réappreniez à respirer ? Ça peut paraître bizarre, dit comme ça, mais ce n'est pas anodin. Bien respirer, ce n'est pas juste inspirer puis expirer et recommencer, c'est respirer *profondément*. En clair, c'est être présente à ce que vous faites, ici et maintenant. Enfin, vous allez vous accorder du temps pour vous, et observer ce qui se passe… à l'intérieur de vous. Alors, prête à entrer en contact avec votre intuition ?

➾ Pour cela, rien de plus simple : prenez une longue inspiration durant 5 secondes, puis expirez lentement, toujours sur une durée de 5 secondes, et recommencez l'exercice 3 à 5 minutes environ. Sentez votre corps se détendre, vos émotions s'apaiser et votre rythme cardiaque s'harmoniser avec votre respiration (c'est la cohérence

cardiaque). Si vous le souhaitez, vous pouvez même visualiser de la lumière dorée émaner de votre cœur, votre corps, qui vous fait… rayonner !

Je me prépare à devenir une intuitive girl !

Avant de foncer à l'aventure, il est important de se préparer et de faire le point. D'où partez-vous ? Où souhaitez-vous aller ? Prenez quelques instants pour bien préparer votre voyage vers une vie plus intuitive et épanouie.

Boussole, mode d'emploi

Puisqu'elle nous permet de distinguer nos besoins ainsi que nos envies profondes, puisqu'elle avertit d'un danger ou désigne une opportunité, l'intuition est un guide, c'est pourquoi elle est souvent comparée à une boussole, à la différence près qu'elle est unique, intime, personnelle. Et heureusement, puisqu'elle indique la voie à suivre pour accéder à votre propre bonheur ! Le programme suivant reprend la métaphore de la boussole pour faire un petit état des lieux de votre intuitivité, afin de vous motiver et de vous montrer la direction d'une vie magique !

Étape 1 : Je dégomme mes idées reçues sur l'intuition

Je dégrippe la boussole !

Prenez quelques minutes. Installez-vous confortablement, fermez les yeux et laissez venir à votre esprit toutes les pensées et croyances négatives que vous pouvez avoir sur l'intuition. Puis, ouvrez les yeux et notez librement tout ce à quoi vous avez pensé. Vous pouvez aussi utiliser les deux débuts de proposition ci-dessous, et laisser parler votre spontanéité :

Selon vous, l'intuition c'est…

1. ....
2. ....
3. ....

L'intuition, ce n'est pas…

1. ....
2. ....
3. ....

Bravo ! Vous venez d'effectuer votre premier « réglage ». En supprimant toutes ces pensées parasites (qui brouillent le signal !), vous allez plus facilement pouvoir prendre ou reprendre contact avec votre intuition.

Je pense que je n'ai pas d'intuition…

L'intuition n'est pas un « truc » que vous avez ou n'avez pas : elle est en vous, c'est tout. Il se peut que vous n'en ayez pas conscience et que vous ne l'écoutiez pas. Il faut juste reprendre contact avec elle, et vous verrez que tout se passera bien ! Les exercices de ce livre vous feront prendre conscience de son existence et vous permettront de la développer.

Je pense que je n'ai pas une « bonne » intuition

L'intuition n'est ni bonne ni mauvaise, c'est une perception. Par définition, elle est toujours juste. Mais on peut mal l'interpréter. Grâce à ce cahier, vous allez découvrir comment distinguer votre petite voix intérieure de celle de la peur, de la raison, ou encore du désir !

Je préfère ne pas l'écouter, je vais me planter, c'est sûr

« Qui ne se plante jamais n'a aucune chance de pousser. » Tellement vrai ! Peut-être que vous auriez mieux fait d'écouter votre intuition. Peut-être pas. L'intuition est certes toujours juste, mais on peut mal l'interpréter ou l'appliquer de la mauvaise façon. Du coup, mieux vaut être sûre de sa signification, ou son sens caché. Et ça demande de l'expérience. Alors dans tous les cas, il faut essayer. C'est le seul moyen pour vous de grandir et de progresser sur la voie de l'intuition. Et puis, on est là pour vous aider !

Étape 2 : Je prends conscience de mon potentiel !

Pour être plus consciente du rôle de l'intuition dans votre vie, notamment lorsque vous prenez des décisions, répondez à cette petite série de questions intuitives.

Prouvé par la science !
L'humeur du jour ou l'environnement (être dans un endroit calme ou pas, par exemple) influencent directement les réponses à ce type de questions. Alors, n'hésitez pas à prendre une profonde inspiration avant de commencer. Prête ? C'est parti !

La dernière fois que j'ai eu une intuition, c'était :

○ Dans quelles circonstances ? Que s'est-il passé ?

....

....

○ Qu'ai-je ressenti dans mon corps ? Quelles ont été mes sensations physiques, et dans quelle partie de mon corps se sont-elles manifestées ?

....

....

○ Qu'ai-je ressenti dans mon cœur ? Quels ont été mes émotions et sentiments ?

....

....

○ Que s'est-il passé dans ma tête ? Qu'est-ce que j'ai pensé à ce moment-là ?

....

....

....

○ Enfin, que j'aie suivi cette intuition ou non, qu'ai-je appris sur moi-même ?

....

....

....

Le petit conseil en +
Vous pouvez faire cet exercice plusieurs fois, pour autant d'intuitions que vous voudrez !

➾ L'idée ? Comprendre que vous avez vécu beaucoup plus d'expériences intuitives que vous ne le pensez, voire, pour certaines, peut-être vous direz-vous : « J'ai bien fait de m'écouter ». Parfait ! Continuez sur cette belle lancée.

Étape 3 : Je prends confiance en mon intuition

À combien évaluez-vous votre degré de confiance en votre intuition ? Déterminez votre position sur la boussole !

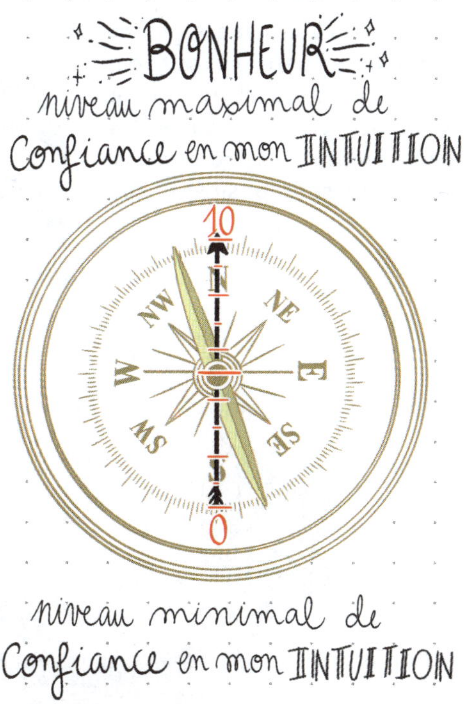

➾ Quel que soit votre degré actuel de confiance, laissez-vous guider par ce livre… et refaites cet exercice un peu plus tard, quand vous vous serez approprié plusieurs techniques ou petits rituels du quotidien pour développer votre intuition. Votre confiance en vous et en votre intuition aura peut-être fait un (grand) bond en avant !

Étape 4 : Je mets le cap sur mon bonheur !

Où est la carte ? Où est la carte ? Ce serait bien, une carte toute tracée, destination Bonheur ! Quoique certains sages affirment que ce n'est pas tant la destination qui compte que le chemin… Nous n'avons pas de carte, tout ce que l'on sait (et c'est déjà beaucoup !), c'est que votre bonheur se trouve à mi-chemin entre celle que vous êtes et celle que vous pourriez devenir. Le bonheur n'est donc pas un but inatteignable. Vos intuitions sont justement des panneaux d'indication, en quelque sorte, pour vous aider à prendre les bonnes décisions, orienter vos actions, bref, vous « aiguiller » dans la bonne direction. Alors mettez le cap sur votre bonheur !

Des mantras positifs pour m'inciter à suivre mon intuition ! Prenez plusieurs feuilles de papier (jolies, de préférence) et inscrivez dessus des mantras positifs. Par exemple : « Je suis à l'écoute de mes ressentis », « Mes émotions sont mes alliées », « Je suis connectée au monde qui m'entoure », « J'ai confiance en moi et en mon intuition »… Une fois ces messages écrits, disposez-les un peu partout dans votre appartement ou ailleurs, si vous préférez. L'idée, c'est de pouvoir les voir régulièrement, les lire et vous imprégner de ces messages et pensées positives afin qu'ils deviennent votre réalité.

Mon journal ou carnet d'intuition

Commencez dès à présent à tenir votre journal ou carnet d'intuition. L'idée ? Consigner par écrit toutes les (magnifiques, surprenantes, déroutantes) expériences intuitives que vous allez vivre à compter… d'aujourd'hui ! Le but ?

Prendre ou reprendre contact avec votre intuition, vous rendre compte à quel point elle peut être puissante, efficace et pertinente, et mesurer vos progrès. Ce journal vous permettra aussi de conserver une trace des signes récurrents pour y réfléchir, y revenir plus tard, et parvenir à leur trouver une signification par recoupements…

Comment faire ?
Écrivez tout ce qui vous semblera important : de vos perceptions à vos pensées, en passant par vos émotions, jusqu'à vos difficultés (vous en aurez, et c'est tout à fait normal !). La marche à suivre pour noter vos intuitions ?

1. Description de la situation
2. Description de mon intuition (la plus détaillée possible)
3. Qu'est-ce que j'ai fait (ou pas) ? Que s'est-il passé ensuite ?
4. Mes victoires personnelles et mes difficultés

Au fil du temps, vous pourrez aussi compléter vos écrits par tous les changements, petits et grands, qui apparaîtront dans votre vie.

CHAPITRE 2

J'ACTIVE MON SIXIÈME SENS !

La mission de ce chapitre ? Activer votre sixième sens ! Pour y arriver, apprenez à reconnaître et développer votre sens de prédilection. L'identifier vous permet d'être mieux préparée à recevoir et accueillir l'ensemble de vos manifestations intuitives. Impression, impulsion, information, illumination… Quelle que soit la forme retenue par votre intuition, elle s'exprime directement dans votre corps !

Je réveille mes sens !

Tout se passe dans le corps !

Sensations agréables, comme papillons dans le ventre et sentiment de joie, ou désagréables, en mode stupeur et tremblements… L'intuition passe donc directement par le corps. Vos 5 sens sont autant de portes d'accès vers votre intuition. Sauf que, sans le savoir, au quotidien, nous privilégions un sens en particulier. C'est notre sens dominant. Et c'est justement votre sens dominant que l'intuition va choisir pour s'exprimer ! Généralement, c'est la vue, l'ouïe ou le toucher qui sont le plus utilisés. Une petite idée de votre sens de prédilection ? Pas vraiment ? Pas de panique ! Grâce à ce test rapide et efficace, on vous aide à le déterminer.

Test : Quel est votre sens de prédilection ?

Êtes-vous plutôt visuelle, auditive ou kinesthésique (mot compliqué pour désigner tout ce qui est en rapport avec le toucher et, plus largement, le mouvement du corps) ? Cochez la proposition qui vous correspond le mieux !

1. Le matin, vous êtes sensible à :

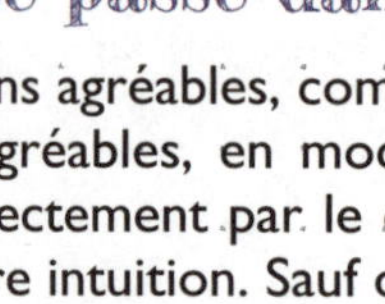

☐ La sonnerie de votre réveille-matin. (0 point)
☐ La lumière du jour. (2 points)
☐ La chaleur de votre lit que vous allez malheureusement devoir quitter pour commencer une nouvelle journée. (4 points)

2. Au bureau, vous êtes plutôt…

☐ À l'écoute de vos collègues. (0 point)
☐ Observatrice de tout ce qui s'y passe. (2 points)
☐ Sociable. Vous adorez être en contact avec plein de monde. (4 points)

3. Vous faites vos courses au supermarché. Ce qui pourrait vous agacer…

- ☐ Les annonces sonores (encore cette chanson qui passe en boucle à la radio et que vous allez finir par aimer, malgré vous !). (0 point)
- ☐ Le mauvais emplacement des produits (enfin, par rapport à vos habitudes !). C'était pourtant bien rangé là, avant ! Pourquoi ça a changé ? (2 points)
- ☐ L'absence de vendeur pour vous renseigner. Est-ce qu'il y a quelqu'un ? (4 points)

4. Pour acheter un vêtement, vous tenez compte, en priorité, de :

- ☐ Son rapport qualité-prix. (0 point)
- ☐ Sa couleur ! Avouez que votre garde-robe ressemble un peu à un nuancier chromatique : rien de mieux pour booster votre look et sublimer votre teint ! (2 points)
- ☐ Son petit côté tout doux qui vous donnerait presque envie de ne plus le lâcher et de vous lover dedans H24… (4 points)

5. Vous revenez d'un concert. Vous pourriez dire : « Le moment que j'ai préféré, c'est quand…

- ☐ Il a fait ce bœuf avec ses musiciens. » (0 point)
- ☐ Il a fait cette choré avec tous ses danseurs. Et ces effets lumière, t'as vu ? C'était dingue !? » (2 points)
- ☐ Il s'est jeté dans la foule. Je l'ai touché ! » (4 points)

Vous avez plus de 14 points : *vous êtes kinesthésique.*

Vous faites partie de celles qui ont besoin de « contact », au sens propre comme au figuré. Avouez-le, vous êtes plutôt tactile (et il n'y a rien de mal à ça !). Vous aimez que votre petit monde se sente bien. Réciproquement, vous avez besoin d'appartenir à un groupe pour avancer. Difficile pour vous de tenir en place, vous avez besoin de mouvement. Vous apprenez mieux lorsque vous pouvez toucher, manipuler. La PNL (programmation neurolinguistique) a prouvé que vous êtes aussi du genre à faire les choses à votre rythme, lorsque vous vous sentez prête.

➾ Rendez-vous p. 25 pour réveiller la super-héroïne qui sommeille en vous : Super Body (et non moins Pretty !) Woman !

Vous avez entre 10 et 14 points : *vous êtes visuelle.*

Le sens le plus essentiel pour vous est la vue. Vous accordez une grande importance à ce que vous voyez (une adepte du « je ne crois que ce que je vois »). Résultat, vous êtes rapidement capable de cerner votre interlocuteur en vous basant uniquement sur l'expression de son visage, par exemple. Vous pouvez même parfois, et de manière étonnante, lire en l'autre comme dans un livre ouvert ! De même, vous apprenez plus facilement à l'aide de schémas, dessins, illustrations, etc. Enfin, vous êtes relativement organisée. Eh oui, la planification, ça vous connaît, car, selon la PNL, vos capacités d'observation vous donnent de super capacités de déduction (comme anticiper d'éventuelles déconvenues) et d'analyse !

➾ Rendez-vous p. 26 pour réveiller la super-héroïne qui sommeille en vous : Super Eagle Girl !

Vous avez moins de 10 points : *vous êtes auditive.*

Sensible aux sons, à la musique et au choix des mots, vous privilégiez la qualité à la quantité des échanges. Il vous suffit d'écouter pour comprendre (ce que vous faites vite et bien). Donc, inutile, lorsque l'on s'adresse à vous, de se perdre dans les détails. *Go straight to the point!* Cela ne vous empêche pas d'échanger. Vous aimez discuter (d'ailleurs, il faut bien le dire, vous êtes un peu bavarde). Sans surprise, vous mémorisez davantage les indications verbales. Enfin, toujours selon la PNL, vous préférez avoir une vision d'ensemble avant de vous décider.

➾ Rendez-vous p. 28 pour réveiller la super-héroïne qui sommeille en vous : Super Auditive !

Vous n'êtes pas sûre de vous ?

Ces profils sont des tendances observées à grande échelle. Certaines personnes se reconnaissent à 100 % dans un profil, d'autres oscillent entre deux. Ce n'est pas grave ! Ce qu'il faut retenir, quel que soit votre profil, c'est que l'intuition s'appuie sur nos sens. Nous avons donc tout intérêt à TOUS les aiguiser pour accéder à notre sixième sens : l'intuition !

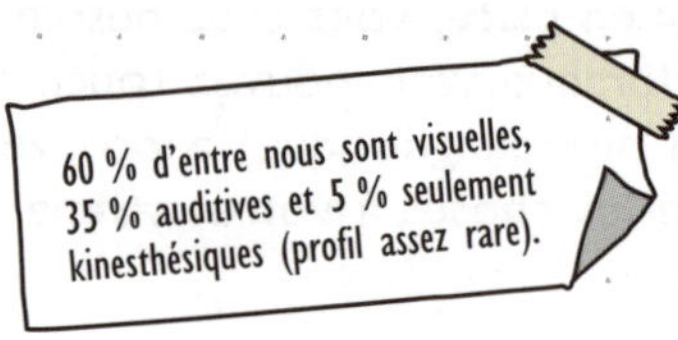

Objectif : être une super-senses girl !

Maintenant que vous connaissez votre sens de prédilection, transformez-le en superpouvoir ! Évidemment, Wonder Woman n'a pas appris à jouer du lasso en un jour, et certainement que vous ne savez pas encore bien l'utiliser. Vous allez donc pouvoir suivre un programme personnalisé pour réveiller ce sens et devenir une super-senses girl ! Faute de trouver des super-héros au féminin, on a décidé de les inventer, rien que pour vous : 3 super-héroïnes du quotidien qui déchirent !

Je suis Super Body (et non moins pretty !) Woman, mon superpouvoir : le sens du contact !

Votre super-sens ? La kinesthésie.

Vous pouvez ressentir les émotions – les vôtres, mais aussi celles des autres –, l'ambiance qui se dégage d'un lieu, ou encore la force d'un collectif. D'ailleurs, votre force, à vous, c'est votre capacité à mettre à l'aise les gens (à votre contact, on se sentirait presque « spéciale »...). « Make hugs not war » pourrait être votre devise. Qui dit mieux ?

Les indices de cette super-sensibilité...

On pourrait facilement vous entendre dire : « Je me sens bien (ou pas bien) », « Ça me touche » ou « Je suis touchée », ainsi que tous les verbes du genre : saisir ce que quelqu'un veut dire, ressentir, tenir à...

De même, vos manifestations intuitives prendront davantage la forme d'impressions, impulsions...

Le corps sait... à l'avance !

La conclusion d'une expérience menée dans les années 90, par le professeur Dean Radin, est pour le moins... surprenante. L'expérience consistait à mesurer, au moyen d'électrodes, la réaction des participants devant l'apparition purement aléatoire, et donc non prévisible, de certaines photos. Celles-ci représentaient tantôt des scènes paisibles tantôt des images choc, comme l'autopsie d'un corps humain. Or, les scientifiques se sont rendu compte, non sans surprise, que le corps des participants réagissait 3 à 4 secondes *avant* l'apparition des images ! Conclusion : notre corps est capable de percevoir ce qu'il va se passer (le fameux pressentiment) et réagit en conséquence. À nous d'en prendre conscience !

Mon coaching pour développer ma sensibilité de Body Woman : le body scan

La plupart d'entre nous considèrent leur corps comme une machine, s'en servant sans arrêt, à plein régime. Mais en réalité, il est bien plus que cela. Il abrite notre âme (rien que ça !) et mène à notre intuition. Raison de plus pour l'aimer et le respecter, non ? Grâce à l'exercice du body scan, vous allez découvrir votre corps pour développer votre super-perception et, ensuite, être capable de capter les messages de votre intuition !

En clair, le body scan est une technique de méditation où l'on balaie mentalement son corps de la tête aux pieds. L'idée ? Prendre conscience de votre corps et de vos sensations pour identifier d'éventuels blocages, nœuds, et « balayer » de votre esprit les gênes et les a priori.

Post-it citation

« Fais du bien à ton corps pour que ton âme ait envie d'y rester. » (Proverbe indien)

Let's go !

Durée : 15 à 30 minutes chrono

1. Installez-vous confortablement. Allongez-vous, jambes parallèles, les bras le long du corps, paumes vers le ciel, ou restez en position assise si vous préférez.
2. Fermez les yeux et prenez conscience de votre corps. Comment est-il ? Plutôt tendu, relâché ? Ressentez-vous des tensions, de la fatigue ? Si oui, à quels endroits ?
3. Maintenant, imaginez-vous au seuil d'un magnifique temple, dont vous êtes la gardienne : ce temple, c'est votre corps. Vous allez désormais être autorisée à entrer, le parcourir, en visiter chaque recoin, munie d'un beau flambeau.
4. Commencez par le pied gauche, poursuivez avec la jambe gauche, le pied droit, la jambe droite, le bassin, le torse, la main gauche, le bras gauche, l'épaule gauche, la main droite, le bras droit, l'épaule droite, le cou, la mâchoire et la tête.
5. Au cours de cette visite, il se peut que vous croisiez des tensions. Auquel cas, ne les jugez pas, accordez-leur toute votre attention (ce n'est que ce qu'elles demandent !), et vous verrez qu'elles se relâcheront d'elles-mêmes.

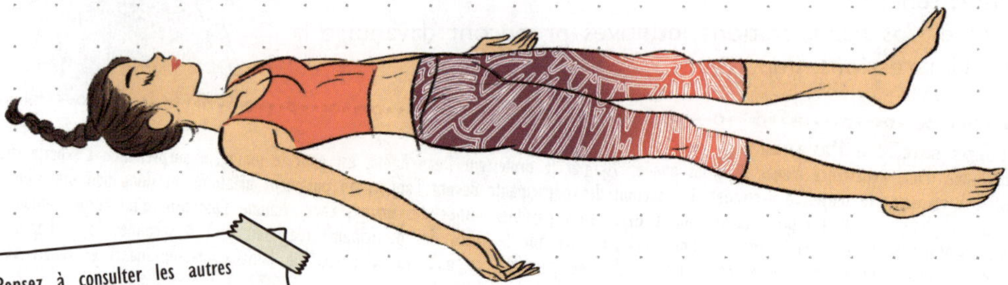

Pensez à consulter les autres coachings et augmentez vos capacités d'intuitive girl !

Comment vous sentez-vous après ce balayage corporel ? Bravo, vous venez de découvrir (ou redécouvrir) votre corps ! Mieux vous le connaîtrez, plus vous serez capable de « capter » les messages de votre intuition à travers lui. Entraînez-vous régulièrement et, lorsque vous atteindrez le dernier level de la kinesthésique girl, vous serez capable de percevoir intuitivement l'atmosphère d'une pièce, par exemple.

Je suis Super Eagle Girl, mon superpouvoir : la vision !

Votre super-sens ? La vue.

Vous avez une vision hors norme, au sens commun comme au sens figuré. Tel l'aigle capable de s'élever dans les airs, vous êtes capable de prendre de la hauteur. Vos super capacités d'observation mènent en effet à de super capacités d'analyse qui vous permettent d'anticiper les événements. Résultat vous voyez bien souvent ce que les autres ne voient pas. Et c'est génial !

Le petit conseil en +
Quoi ? Vous vous dites que ce n'est pas si « génial » d'avoir raison trop tôt… que vous allez encore passer pour Madame Je-sais-tout… C'est vrai que ça peut paraître assez frustrant : pour vous, la solution est tellement évidente ! Soyez patiente, les autres arriveront certainement à la même conclusion… un peu plus tard. Il faut juste leur laisser un peu plus de temps… En attendant, vous pouvez toujours essayer d'expliquer votre point de vue. Dans ce cas, 2 options s'offrent à vous : 1. détricoter le fil de votre raisonnement pour leur faire comprendre vos arguments ; 2. demander à vos interlocuteurs de vous faire confiance (après tout, ce n'est pas la première fois que vous faites vos preuves !).

Les indices de cette super-vision…

Vos expressions favorites sont toutes celles (nombreuses) en lien avec la vue : « Je vois (ou pas) ce que tu veux dire », « Jeter un œil », « C'est clair » ou « C'est pas clair », « C'est ma vision des choses », « Regarde-moi quand je te parle » (sans quoi vous n'avez pas l'impression d'être écoutée)…
De même, vous serez plus réceptive à des intuitions sous forme de flashs ou d'images.

Mon coaching pour développer ma vue d'Eagle Girl : j'observe tout ce qui se passe autour de moi

La vue fait partie des sens les plus utilisés. Pour autant, sait-on vraiment s'en servir ? L'exercice d'observation suivant va vous dessiller les yeux pour développer votre super-vision et, plus tard, capter grâce à elle les messages de votre intuition !

Let's go !
Durée : 10 minutes chrono
Aujourd'hui, faites une balade en forêt. Lumières, ombres, couleurs… Que notez-vous ? Observez les arbres, les feuilles, quelles sont leurs formes ? Y a-t-il des fruits, des champignons ? À quoi ressemblent-ils ? De même, des rayons de soleil éclairent-ils certaines parties de la forêt ? Décrivez mentalement ou par écrit tout ce que vous voyez.

Comment vous sentez-vous après ce bain de forêt ? Bravo, vous venez de développer votre sens de la vue ! Mieux vous exercerez votre sens de l'observation, plus vous serez capable de capter les messages de votre intuition. Entraînez-vous régulièrement et, lorsque vous atteindrez le dernier level de la vision girl, vous serez capable de vous projeter loin, de percevoir intuitivement les conséquences de certains choix, par exemple.

Pensez à consulter les autres coachings et augmentez vos capacités d'intuitive girl !

Le petit exercice en +

Amusez-vous à poursuivre l'exercice avec vos autres sens (rien de tel pour aiguiser l'ensemble de vos sens, car plus on a de sensitivité, plus on a d'intuition !). Concentrez-vous sur chaque sens, l'un après l'autre :

- L'ouïe : par exemple, essayez de « capter » tous les sons qui vous entourent. Sont-ils proches, lointains, agréables, crispants, aigus, graves, modulés, clairs… ? Puis, isolez-en un et efforcez-vous de concentrer toute votre attention sur lui seul.
- L'odorat : cherchez à percevoir les senteurs qui vous environnent. Une odeur de terre mouillée, de fleur, de bois… Quelles sont-elles ? De même, sentez ce qui, a priori, n'a pas ou peu d'odeur. Vous pourriez être surprise… Diversifiez votre palette olfactive !
- Enfin, touchez à tout pour le sens du toucher : brins d'herbe, bouts de bois, mousse, champignons, motte de terre… Que ressentez-vous ? C'est doux, ça pique ? Vent, pluie ou soleil, imprégnez-vous des sensations qu'ils vous procurent à leur contact. Est-ce plutôt agréable ? désagréable ? Bref, laissez la nature vous envelopper !

Je suis Super Auditive, mon superpouvoir : l'écoute !

Votre super-sens ? L'ouïe.

Vous savez que vous feriez une super détective ? C'est bien simple : vous entendez tout ! Rien ne vous échappe… en particulier ce qui n'est pas dit, ou seulement à demi-mot. Ça, c'est un super-pouvoir ! Eh oui, vous êtes douée pour écouter les autres, reformuler leurs propos et rendre vos échanges constructifs !

Les indices de cette super-écoute…

Une petite idée de vos expressions favorites ? Vous en avez certainement beaucoup, dont : « Ça ne me dit rien », « J'entends », « C'est faire beaucoup de bruit pour pas grand-chose », « Cela fait écho », « Telle chose sonne vrai ou faux », « Nous sommes sur la même longueur d'onde »…

Enfin, votre intuition est susceptible de se manifester sous forme de « petite voix ».

Mon coaching pour développer mon ouïe de Super Auditive : un bain de sons

Cet exercice a un double objectif : développer votre qualité d'écoute et prendre conscience de votre corps, pour découvrir (ou redécouvrir) des sensations qui vous aideront à repérer plus facilement vos futures intuitions. Envie de vibrer ?

1. Allongez-vous ou asseyez-vous dans une position confortable. Tout va dépendre de si vous allez vous-même jouer du tambour ou du bol chantant, par exemple, ou si vous allez juste mettre un enregistrement ou un morceau de musique qui vous plaît.
2. L'idée, c'est de l'écouter vraiment, c'est-à-dire sans faire autre chose en même temps, et vous laisser emporter par ses vibrations. Au-delà de développer votre qualité d'écoute et d'attention, cet exercice vous montre comment le son, l'énergie, circule à travers votre corps. Est-ce plutôt fluide ? bloqué par endroits ? Peut-être sentez-vous des picotements, une légère sensation de chaleur, de la joie, ou des points de tension… Observez, sans jugement.

Pensez à consulter les autres coachings et augmentez vos capacités d'intuitive girl !

➾ Comment vous sentez-vous après ce bain de sons ? Vous venez d'apprendre (ou réapprendre) à écouter votre corps, et n'en serez que plus prête lorsqu'une intuition se présentera à vous ! De même, vous venez de « muscler » votre capacité d'écoute. Entraînez-vous régulièrement et, lorsque vous atteindrez le dernier level d'auditive girl, vous serez encore plus empathique et capable d'entendre votre petite voix (une vraie ligne directe !) qui vous dira ce qu'il faut faire ou pas !

Music Girl
Un bon moyen pour développer son « oreille », c'est d'écouter de la musique. Vous le faites déjà ? Super ! Mais variez les styles. Vous allez enrichir votre culture musicale, tout en développant votre écoute, il vous sera alors plus facile d'être à l'affût des messages sonores envoyés par votre intuition. Et, qui sait, vous deviendrez peut-être la reine du blind test ?

Mes 5 sens ensemble : le super-combo intuitif !

Démultipliez vos pouvoirs en développant aussi le goût et l'odorat. Eh oui, l'intuition est l'équivalent de la somme des 5 sens (soit le sixième !), car plus vous êtes présente à votre corps, mieux vous le connaissez, plus vous développez votre sensibilité, plus vous serez intuitive. Résultat, il est important d'éveiller TOUS vos sens, et ce, quel que soit votre sens de prédilection. Donc, n'hésitez pas à voguer de page en page pour vous essayer aux autres coachings, et gagner encore plus de superpouvoirs ! Objectif : être une super-senses (avec un « s », n'est-ce pas ?) girl !

Mon coaching pour développer un super-goût : manger en pleine conscience

La pleine conscience ou « mindfulness » est un état où « vous portez l'attention intentionnellement au moment présent, sans juger ni commenter l'expérience qui se déploie moment après moment » (dixit Jon Kabat-Zinn, fondateur de la méthode). Concrètement, il s'agit d'être présente à ce que l'on fait, concentrée sur ses gestes, ses sensations, et de laisser passer les pensées.
L'un des grands classiques de la méditation de la pleine conscience est l'exercice du grain de raisin. Contrairement à notre habitude, où nous mangeons trop vite, sans faire attention, l'idée est d'en apprécier toutes les « saveurs » : du goût à la texture, en passant par tous ces petits détails, comme la couleur, les rugosités, ou encore les petits bruits qu'il fait sous la dent. Bref, le savourer, et c'est parfait pour ouvrir ce sens ! Cet exercice peut tout à fait s'appliquer à d'autres aliments. Essayez !

Let's go !

1. Préparez-vous une assiette de fruits et légumes, comme des morceaux de pomme, quelques noix, ou encore des bâtonnets de carotte.
2. Observez votre assiette. Prenez un morceau entre vos doigts. Appréciez-en la texture. Puis, portez-le à votre bouche et promenez-le sur votre langue, à la découverte de votre palais. Comment pourriez-vous décrire ce que vous mangez ? C'est salé, sucré, croquant, moelleux…? Une fois la texture et le goût bien intégrés, vous pouvez commencer à le mâcher lentement : savourez.
3. Enfin, avalez-le.

Mon coaching pour développer mon flair

Avoir du nez, du flair, je le « sens », je le « sens » pas. Le point commun dans tout ça ? L'odorat ! Et la bonne nouvelle, c'est que c'est un sens qui ne vieillit pas (contrairement aux autres).

C'est quoi cette odeur ?
Saviez-vous que le nez d'un adulte peut distinguer entre 2 000 et 4 000 odeurs ? Alors, enjoy !

En pratique : j'exerce mon odorat au quotidien

1. Si vous êtes chez vous, vous pouvez commencer par chercher quelque chose qui a une odeur particulière : un parfum, une fleur, un sachet de lavande, un fruit…
2. Une fois que vous avez choisi un élément, sentez-le une première fois et décrivez-le : c'est « comment » ? C'est doux, c'est fort, ça pique, c'est frais…? Prenez-vous pour un parfumeur ! Essayez de traduire vos sensations olfactives. En attendant de devenir un véritable « nez », on vous donne un peu de vocabulaire pour vous entraîner : acide, brûlé, chaud, épicé, étouffant, fort, fruité, léger, piquant, poivré, sucré, végétal. À vous de compléter la liste !

Profession : tendanceur
Le tendanceur « flaire » l'air du temps. Sa principale mission ? Anticiper les tendances de demain. Résultat, il doit être absolument à l'affût de tout ! Très observateur, il aime sortir des sentiers battus, cultiver l'esprit de contradiction, se déplacer dans le monde entier pour découvrir quelles seront les prochaines nouveautés, que ce soit en matière de mode, d'accessoires, de beauté ou de services. Un vrai métier d'intuitif !

Enfin, pratiquez l'asymétrie !

Pour aller plus loin, et entraîner votre cerveau à jongler (toujours plus) d'un sens à l'autre, pratiquez l'asymétrie ! Il s'agit de vous priver momentanément d'un sens. Le but ? Compenser cette absence par vos autres sens. Cela permet ainsi de les entraîner et les développer.

La méthode en 4 étapes pour activer mon sixième sens

Maintenant que vous êtes devenue une super-senses girl (vous connaissez votre sens de prédilection et, en plus, vous avez pu vous entraîner à développer vos autres sens), vous allez recevoir des messages. Vous en receviez certainement avant, mais faute de les écouter, vous êtes peut-être passée à côté… Désormais, on vous livre « la » méthode pour comprendre ces messages et dépasser vos blocages.

1. Je fais le calme en moi

C'est la base. Comment voulez-vous entendre votre petite voix si vous ne parvenez pas à faire le calme dans vos pensées ? « Je dois faire ceci », « Il faut que je pense à faire cela »… Stop ! Recentrez-vous sur l'instant, ici et maintenant, qui vous permet d'être attentive à votre corps et aux signes que l'intuition vous envoie à travers lui.

Pause méditation

Il ne s'agit pas, ici, de se retirer dans un monastère au fin fond de l'Himalaya, mais plutôt d'apprendre à revenir à soi pour écouter ses sensations corporelles. Comment ? En se focalisant sur un objet, au sens propre (une bougie, un galet, par exemple) comme au figuré (votre respiration, une sensation…). On essaie ?

Let's go !
Durée : 1 minute

1. Installez-vous au calme, allongez-vous, fermez les yeux et prenez une grande inspiration puis une grande expiration.

2. Fixez votre attention sur votre respiration. Sentez l'air qui entre et sort par vos narines. Le passage de l'air dans votre corps est-il lent, régulier, saccadé…?
3. Progressivement, prenez conscience de votre corps tout entier. Quelles sont les parties qui se soulèvent, se gonflent et se dégonflent ?
4. Continuez à respirer, lentement et à votre rythme, toujours concentrée sur le mouvement de votre respiration et la façon dont l'air se déplace dans les différentes parties de votre corps (abdomen, poitrine, ventre…).
5. Si des pensées surgissent, laissez-les passer et revenez à votre respiration – juste vous et votre respiration.

Bravo, vous venez d'expérimenter la méditation sur le souffle ! Vous voici calme et centrée sur vous-même, prête à poser une intention puis à recevoir les messages de votre intuition.

2. Je pose une intention

Bonne nouvelle : l'intuition est spontanée, elle se présente à vous quand vous ne l'attendez pas, mais elle peut aussi être « guidée » par la seule force de notre volonté, autrement dit l'intention, quand vous avez besoin d'elle sur un sujet précis (face à un choix par exemple, ou pour résoudre un problème, cerner une personne…). Imaginez l'intuition comme une porte secrète derrière laquelle se cachent toutes les réponses à vos questions ! La clé pour l'ouvrir, c'est de poser les « bonnes » questions afin de guider votre intuition ! Vous posez ainsi une intention.

Qu'est-ce qu'une « bonne » question ?

Une bonne question est une question ouverte, à l'inverse d'une question fermée à laquelle on ne peut répondre que par oui ou par non. Exemple : « Est-ce que je suis capable de ça ? » est une question fermée. « Comment puis-je y parvenir ? » est une question ouverte idéale. Dans ce cas, votre intuition va se mettre à chercher toutes les informations dont vous allez avoir besoin et vous les apporter sur un plateau d'argent !

Let's go !

C'est parti ! Que voulez-vous savoir ? Entraînez-vous à formuler vos questions, tout d'abord par écrit : cela vous oblige à y réfléchir, à trouver la formulation juste, afin qu'elles soient le plus clair possible dans votre esprit. Petit rappel : évitez les « est-ce que » ou « y a-t-il » qui obligent forcément à répondre par oui ou par non ; pensez à faire court (eh oui ! même si vous avez PLEIN de questions, une seule à la fois…) ; enfin écrivez au présent et de manière affirmative (pas de négation). Bref, soyez claire et positive !

Mes questions du moment

....

....

....

3. Je capte les informations

L'intuition nous apporte des éléments de réponse, mais on ne voit pas toujours le rapport avec la situation ou la question posée. Ce n'est pas grave, ne vous découragez pas. Le principal, c'est de conserver une attitude d'ouverture et d'accueil à tout ce qui vient : vos ressentis, vos émotions, vos pensées… Ne censurez rien. Qui sait, vous comprendrez peut-être plus tard… Et en attendant, n'oubliez pas de tout noter dans votre carnet d'intuition pour vous en souvenir et pour pouvoir ensuite faire les liens !

4. J'interprète les signes en faisant appel à… la logique !

Ça y est, vous y êtes : vous avez noté plein de signes, et c'est super ! Idées ou images se sont imposées à vous, avec un lien plus ou moins « direct » avec la question posée. Maintenant, il est temps de faire le tri. Eh oui, on a toutes tendance à vouloir interpréter les signes en notre faveur (c'est humain et tellement rassurant !), mais il est important de prendre du recul.

SOS, comment faire ?

Par exemple : vous avez envie de changer de vie, vous rencontrez une personne qui vous encourage à voyager, et décidez de tout plaquer. Pourquoi pas ? Mais avant de crier haut et fort que c'est votre intuition qui vous y a conduit, prenez le temps d'analyser un tant soit peu la situation. N'avez-vous pas voulu voir dans cette rencontre la réponse que vous cherchiez tant, autrement dit un aller simple pour l'aventure ? Parce que vous auriez pu tout aussi bien partir en vacances quelques jours…

En l'occurrence, on voit bien dans cet exemple que notre désir peut empiéter sur notre intuition, tout comme nos peurs. Comment y remédier ?

- Distinguez ce qui relève d'informations « brutes », comme vos perceptions sensorielles ou la rencontre avec untel par exemple (purement factuel !), de déductions (« J'en déduis que je dois faire un tour du monde »).

- De même, existe-t-il plusieurs signes concordants ? Très souvent, les signes arrivent en « grappe » (histoire d'être sûrs que vous avez bien compris).
- Enfin, ayez en tête vos projets, vos souhaits, ou vos peurs, et notez-les quelque part pour vérifier, de temps en temps, que ce ne sont pas eux qui vous guident au détriment de votre intuition…

Les faux-amis de mon intuition

Peurs, fantasmes, désirs ou encore pensées sont autant de faux-amis qui peuvent nous induire en erreur sur le chemin d'apprentissage de notre intuition. Il est donc fortement recommandé de prendre un peu de temps pour analyser la situation avant de passer à l'action (surtout lorsque celle-ci est lourde de conséquences et peut changer toute votre vie !).

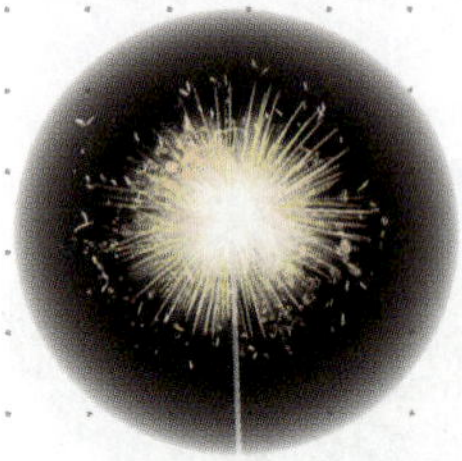

Le petit conseil en +
Si vous êtes experte dans un domaine et que vous avez une intuition, il y a de grandes chances pour que celle-ci soit « vraie » (l'expérience accumulée jouant en votre faveur). À défaut, méfiez-vous des intuitions dans des domaines que vous ne connaissez absolument pas. Auquel cas, vérifiez-en la pertinence à deux fois avant de vous lancer !

Faux-ami numéro 1 : les interprétations

Imaginez : vous rencontrez une nouvelle personne et vous ne la « sentez » pas. Très rapidement, vous en venez à l'idée qu'il ou elle est un menteur, un manipulateur… Bref, vous vous faites des films : vous interprétez ! L'interprétation est une forme de raccourci entre une intuition de départ et une envie irrésistible de trouver une explication. Quelle qu'elle soit. Résultat, nous « collons » des explications toutes faites sur nos intuitions, au risque d'en détourner le sens premier. Un comble ! Help, vous interprétez mal ? Pas de panique ! Nous sommes là pour vous aider, à commencer par vous offrir une nouvelle paire de lunettes.

Préparez-vous à recevoir l'information… sans interpréter

Post-it citation
« Tu ne vois pas le monde tel qu'il est, tu le vois tel que tu es. » (René Alleau)

La première étape pour ne pas céder à tout prix au besoin d'explication, c'est d'accepter l'information telle qu'elle se présente. C'est tout (et c'est déjà beaucoup !). Cela revient à changer notre manière de voir les choses. Comment ? En réapprenant à voir le monde avec notre âme d'enfant.

À vous de jouer !

Prenez une œuvre d'art, n'importe laquelle. Un tableau ou un morceau de musique, par exemple. Au lieu de vous demander : « Qu'est-ce que l'artiste a bien voulu dire ? », de penser au style, au sens des paroles ou aux similitudes avec tel ou tel artiste, regardez ou écoutez attentivement, et ressentez. Et si c'était juste « beau » ? C.Q.F.D. Eh oui, nous n'avons pas l'habitude de suspendre nos réflexions !

Stop à la rationalisation excessive

Interpréter, c'est un réflexe de notre cerveau pour rationaliser les choses, pour les faire rentrer dans notre système de compréhension du monde et les maîtriser. C'est beaucoup plus rassurant d'avoir la sensation de contrôler les choses ! Oui, mais ce n'est pas toujours juste. C'est pourquoi il est nécessaire de débrancher le cerveau quand il s'agit d'intuition. En apprenant à porter un nouveau regard sur les choses, uniquement basé sur votre ressenti et non vos interprétations, vous allez progressivement vous ouvrir à la surprise, l'inattendu, bref, l'inconnu (celui qui fait si peur !). Et c'est génial ! Vous êtes sur la bonne voie : acceptez que vous ne pouvez pas toujours tout comprendre ou contrôler.

Laissez « reposer »

L'intuition aime prendre son temps en nous délivrant des messages, des bribes d'information, un peu à la manière d'un puzzle géant qu'il nous faudra reconstituer avec un peu, beaucoup, énormément de patience… Alors ne vous précipitez pas, ne cherchez pas à donner immédiatement une explication à une petite intuition fugace et fragile. Attendez d'avoir collecté suffisamment d'informations et d'autres intuitions concordantes sur le sujet. Attendez d'être sûre avant de prendre des décisions qui pourraient bouleverser votre vie (comme ce fameux road trip !).

Accordez-vous le droit à l'erreur

On ne va pas se mentir, même avec la meilleure volonté du monde, vous ferez des erreurs, et c'est normal ! L'intuition n'est pas une science exacte (et n'est-ce pas ce qui fait son charme ?). Il existe cependant quelques indices qui peuvent vous indiquer si vous êtes en train de vous faire des films.

Comment savoir si je suis dans le « vrai » ?

Intuition ou interprétation ? Passez votre potentielle intuition au crible de ces quelques affirmations pour connaître sa vraie nature !

1. Mon intuition semble venir de « nulle part » : ☐ Vrai ☐ Faux

2. Je ne sais pas comment je sais, mais je le sais : ☐ Vrai ☐ Faux

3. Ce n'est pas très clair… (par opposition à une image de « carte postale », ou une idée très précise que l'on pourrait se faire, l'intuition est souvent fugace et partielle) : ☐ Vrai ☐ Faux

4. Si je suivais mon intuition, je me rapprocherais de ce que j'aime vraiment : ☐ Vrai ☐ Faux

➾ Toutes les affirmations ci-dessus sont les indices d'une vraie intuition. Si vous totalisez un ou plusieurs « Faux », ça vaudrait le coup d'y regarder de plus près : il se peut que cette intuition n'en soit pas une.

Faux-ami numéro 2 : les émotions

Il n'y a pas d'émotion sans intuition, et vice versa. En clair, l'émotion est une conséquence de l'intuition. « J'ai perçu quelque chose et je réagis ». En bien ou en mal. Elle nous met donc sur sa piste. Mais il est aussi très facile de confondre une émotion avec son intuition. Exemple : vous avez « l'intuition » qu'il ou elle vous trompe. Est-ce que ce n'est pas votre peur panique d'être trompée ou quittée qui s'exprime ? Si vous avez toujours eu cette peur, il est bien possible que votre intuition n'en soit pas une !

Une émotion, qu'est-ce que c'est, d'abord ?

C'est une réaction à un évènement extérieur (un chien qui nous aboie dessus, une voiture qui manque de nous renverser) ou intérieur, à l'idée que ce même chien puisse nous attaquer par exemple (d'ailleurs, la plupart du temps, nos émotions sont déclenchées par nos seules pensées !). Résultat : notre corps se met en branle. Notre cœur bat plus vite, notre respiration s'accélère, nos muscles se tendent… Bref, nous nous préparons à passer à l'action ! Heureusement, l'émotion, en l'occurrence ici celle de la peur, n'est que passagère. Elle ne dure pas plus de quelques secondes à 10 minutes grand maximum.

J'apprends à connaître mes émotions pour faire la part des choses avec mon intuition

Pour bien distinguer une émotion d'une intuition, il est important de savoir les repérer. Peur, joie, colère, tristesse, elles sont au nombre de 4 (ce sont les émotions fondamentales) et expriment bien souvent un besoin ou une envie à satisfaire, par exemple. Plus vous serez à même de les reconnaître, plus votre radar à intuition sera fiable, car vous saurez faire le tri et mettre vos émotions de côté. Plus de confusion ! L'outil magique pour ça ? Le mood tracker !

Je fais mon mood tracker

Pendant une semaine, observez tout ce que vous ressentez. Portez une attention particulière à ce qui se passe dans votre corps, mais aussi au sens que vous donnez à chaque expérience. Par exemple, votre cœur bat la chamade et vos mains sont moites. Dans un cas, vous vous apprêtez à faire une présentation devant vos collègues, dans l'autre, vous allez rencontrer la personne avec qui vous dialoguez depuis des semaines sur ce fameux site de rencontres. Sensation agréable ou désagréable ? Réfléchissez bien !

	01 h	02 h	03 h	04 h	05 h	06 h	07 h	08 h	09 h	10 h	11 h	12 h	13 h	14 h	15 h	16 h	17 h	18 h	19 h	20 h	21 h	22 h	23 h	00 h
Exemple						☺						☺		😐	😐	😐	😐	☹	☹					
Lundi																								
Mardi																								
Mercredi																								
Jeudi																								
Vendredi																								
Samedi																								
Dimanche																								

☺ : moment agréable 😐 : moment neutre, sans ressenti particulier ☹ : moment désagréable

Concentrez-vous sur les moments agréables et désagréables, et pour chacun d'eux :

- Nommez l'émotion associée : joie, colère, tristesse…
- Déterminez les situations ou les pensées qui les ont déclenchées
- Décryptez les besoins sous-jacents

Exemple :

ÉMOJI	ÉMOTION	SITUATION	MANIFESTATIONS PHYSIQUES	BESOIN
☹	Colère, agacement	Un chauffard vous a grillé la priorité	Tension, accélération du rythme cardiaque	Sécurité, besoin de respect
	....	....	....	....
	....	....	....	....
	....	....	....	....

Pour vous aider…

Ci-dessous un petit tableau qui répertorie les manifestations physiques habituelles par émotion et les éventuels besoins associés.

Émotion	Peur	Joie	Colère	Tristesse
Expressions et variations	Angoissée, anxieuse, craintive, déstabilisée, inquiète, méfiante, perplexe, terrorisée…	À l'aise, comblée, détendue, émerveillée, enchantée, motivée, optimiste, ravie, sereine…	Agacée, agressive, contrariée, désagréable, énervée, fâchée, furieuse, hystérique, violente…	Abattue, bouleversée, découragée, déçue, démotivée, fatiguée, mélancolique, nostalgique…
Manifestations physiques	L'ouverture des yeux (mais pas de la bouche), paralysie pour certaines ou fuite pour d'autres, trac…	Le sourire ! On se contrôle moins, on est moins inhibée (on peut se laisser aller à sautiller, chanter…)	Tension de la bouche, et plus largement tension musculaire, avec les avant-bras ou les poings qui se ferment, le cœur qui bat plus vite, ou encore une sensation de chaleur…	Baisse d'énergie, repli sur soi, larmes… La tristesse incite à chercher du réconfort.
Besoins sous-jacents	◦ Besoins physiologiques : manger, boire, dormir… (tout ce qui permet de faire marcher votre organisme) ◦ Besoin de sécurité : se sentir hors de danger, bénéficier de certains repères, fidélité… ◦ Besoin d'autonomie : se sentir libre, décider par soi-même, s'affirmer… ◦ Besoin de stimulation : physique (faire du sport, se faire plaisir, ou des câlins par exemple) ou intellectuelle (apprendre, explorer, découvrir) ◦ Besoin d'appartenir à un groupe : échanger avec d'autres personnes, nouer des relations amicales ou amoureuses… ◦ Besoin d'estime ou de reconnaissance (compter aux yeux des autres, par exemple) ◦ Besoin de sens : se sentir utile, vivre en accord avec soi-même… S'épanouir !			

Au final, comment ça peut m'aider à reconnaître ou faire la part des choses avec l'intuition ?

Ce petit tableau magique peut vous servir de point de repère : si vous avez ressenti quelque chose, mais ne trouvez aucune correspondance avec l'un des besoins cités, il se pourrait que l'intuition soit bel et bien à l'origine de votre émotion.

Boostez votre intuition avec les émotions positives !

Sans surprise, les émotions positives, comme la joie, le sentiment de paix ou de sérénité par exemple, sont des émotions « pro-intuition », dans le sens où elles nous aident à nous sentir bien (dans notre tête et dans notre corps !), et nous invitent à cultiver une attitude d'ouverture au monde et aux autres, propice à l'émergence de notre intuition. Et bonne nouvelle, nous pouvons les provoquer à l'aide de petits rituels du quotidien !

Exprimez votre gratitude

C'est prouvé : exprimer régulièrement sa gratitude, autrement dit sa reconnaissance envers quelqu'un ou quelque chose, booste la confiance en soi et la positivité. Comment faire ? En rentrant chez vous par exemple, au moment d'ouvrir la porte, repensez à un moment agréable de votre journée : ce collègue vous a dit « merci », on vous a offert un bonbon à la machine à café, vous avez eu une discussion passionnante avec une amie, votre enfant vous a fait un compliment… Ou tout simplement, vous êtes heureuse de retrouver un cocon que vous aimez !

Il n'y a pas de petite ou grande chose, seulement ce qui vous inspire de la reconnaissance. L'idée, c'est de vous recharger en énergie positive !

Programmez-vous des actions positives

Passez à l'action ! Quelles sont les actions que vous pouvez d'ores et déjà entreprendre pour conserver votre positive attitude et profiter un maximum de la vie ? Notez-les tout de suite, maintenant. Vous verrez, une fois couchées sur le papier, vous vous sentirez prête à agir ! N'hésitez pas à vous inspirer des situations précédemment recensées dans votre mood tracker (celles qui avaient déclenché chez vous des émotions agréables).

À la base, pour être dans un bon mood, je comble mes besoins !

Grâce au tableau que vous avez rempli p. 37, vous avez désormais une meilleure idée de ce dont vous avez réellement besoin pour vous sentir épanouie. Alors, en plus des exercices de gratitude et des actions 100 % positive attitude, faites en sorte de répondre à vos besoins pour vous sentir toujours dans un bon mood !

Les 3 actions happy day importantes que j'envisage :

1. ……………………………………………………………

2. ……………………………………………………………

3. ……………………………………………………………

Calmez vos émotions anti-intuition !

S'il existe des émotions « pro-intuition », autrement dit positives, vous vous en doutez bien : il existe *aussi* des émotions « anti-intuition ». Et la grande gagnante est… la colère ! Généralement, elle obscurcit notre jugement et… notre intuition. Alors, comment faire ? Suivez le guide !

Je canalise ma colère

Mettons tout de suite fin à une idée trop largement répandue : celle que l'on pourrait – si on le voulait – « contrôler » ou « maîtriser » nos émotions. Eh bien, non ! Qui peut s'empêcher de transpirer ou d'avoir la boule au ventre ? De même, les émotions véhiculent une telle quantité d'énergie que nous n'aurions pas à intérêt à le faire... OK, mais en cas de crise de nerfs ? Eh bien, ressentir est une chose, agir sous le coup de la colère en est une autre... Vous pouvez choisir votre manière de réagir :

- Si vous sentez la colère vous monter au nez, vous pouvez faire diversion en pensant à autre chose, ou en sortant carrément de la pièce dans laquelle vous vous trouvez, par exemple, pour aller marcher.
- Si la colère est déjà là, exprimez-la, à voix haute si vous le pouvez : « Là, je suis en colère. » Posez votre main sur votre ventre (siège de nos émotions) et respirez calmement. Cela devrait vous permettre de prendre un peu de recul par rapport à la situation vécue.
- Plus tard, si vous le souhaitez, vous pouvez revenir sur cet épisode. Que dit cette colère de vous ? Cache-t-elle un besoin non satisfait ? Si oui, lequel ? Que pouvez-vous faire pour le satisfaire ? Si une action est possible, mettez-la en œuvre. Sinon, il ne vous reste plus qu'à lâcher prise...

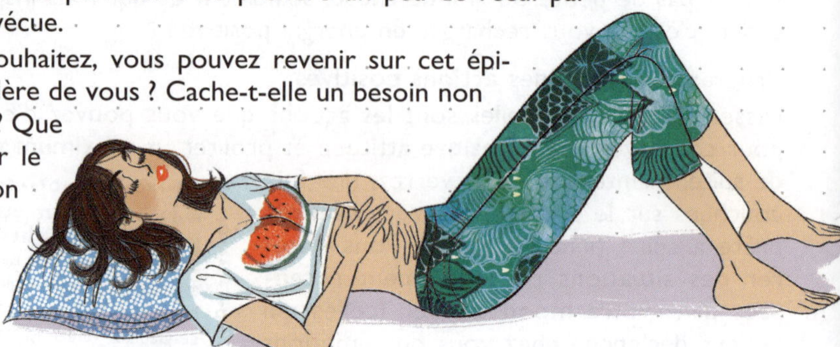

Les Fleurs de Bach® : une autre manière d'apprivoiser vos émotions
Dans les années 1930, le docteur Edward Bach a mis au point 38 élixirs floraux connus aujourd'hui sous le nom de « Fleurs de Bach® ». Une fleur = une émotion. Chaque fleur aurait ainsi, pour une émotion donnée, des vertus thérapeutiques, contribuant à notre équilibre émotionnel. Par exemple, la Fleur de Bach « Star of Bethlehem », aussi appelée « dame-d'onze-heures », est conseillée pour apporter du réconfort. De même, la Fleur de Bach « Larch » (soit la fleur de mélèze) est l'alliée de la confiance en soi. Quant à la Fleur de Bach « Cerato » (ou Plumbago), elle serait la fleur de... l'intuition ! Eh oui, grâce à elle, plus besoin de chercher conseil et approbation auprès de la terre entière, nous sommes encouragées à suivre notre intuition !

Je calme ma peur

Tout comme la colère, la peur peut obscurcir notre jugement. Dans ce cas, même principe : prenez-en conscience, accueillez-la et attendez. D'autres signes se présenteront pour confirmer (ou non) votre intuition !

Faux-ami numéro 3 : les opinions

En règle générale, l'émotion précède l'opinion. Exemple : vous voyez les images d'un crash aérien à la télé (perception), vous avez peur (émotion), « prendre l'avion est dangereux » (opinion). Un peu plus tard, vous partez en vacances. Au moment de monter dans l'avion, vous avez un affreux pressentiment : il va se crasher, c'est sûr ! Intuition ou pas ? L'opinion est inévitable. Elle nous permet d'exprimer notre avis par rapport à ce que l'on perçoit. En réalité, on déduit, on imagine, mais on n'intuite pas. Il faut donc se méfier des pensées en cascade.

Help, je réfléchis trop !

Est-ce que vous saviez que trop réfléchir pouvait gravement nuire à votre santé ? Et pour preuve : une expérience réalisée auprès d'étudiants de l'université de Virginie, qui devaient goûter plusieurs confitures de fraises, sélectionner leurs préférées et expliquer pourquoi. Résultat, à force de chercher le pourquoi du comment, les confitures qu'ils avaient détestées sont devenues leurs préférées, et vice versa. Ils en ont oublié ce qu'ils aimaient ! Conclusion : notre cerveau ne peut traiter, de manière consciente, qu'une quantité limitée d'informations, sous peine de nous éloigner « dangereusement » de ce qui compte vraiment pour nous. Donc si vous souhaitez suivre votre intuition, mieux vaut vous focaliser sur votre perception et éviter de partir dans des réflexions sans fin !

Prouvé par la science !
3 situations dans lesquelles il vaut mieux suivre son intuition :

1. Vous décidez d'acheter une maison ou un appartement (eh oui ! une peinture refaite ou la présence d'un immense dressing peuvent vous séduire, mais aussi vous induire en erreur, il vaut mieux se fier à un sentiment plus profond).
2. Vous répondez à un QCM dont vous ignorez la réponse.
3. Vous êtes tiraillée entre deux options. C'est urgent, et vous n'avez pas plus d'éléments que ça. Eh bien, les chercheurs sont catégoriques : l'intuition pourrait bien être votre meilleure alliée (moins on en sait, mieux c'est pour notre intuition !).

Désormais, vous êtes prévenue !

Concentrez-vous sur l'essentiel

Ah là là, toutes ces pensées qui nous assaillent… Mais pourquoi ? Alors qu'en apparence, tout semble au beau fixe. Exemple : vous êtes sur le point de vous marier mais vous commencez à douter. Il y a un truc qui cloche. De même, peut-être êtes-vous une working girl accomplie. On ne tarit pas d'éloges sur vous au bureau, et pourtant, là encore, vous sentez que quelque chose ne va pas. Votre intuition vous indique que ce mariage ou ce job ne vous convient pas. Oui, mais voilà, cela impliquerait d'annuler le traiteur, de se retrouver avec une robe sur les bras, sans parler des invités et et du (de la) marié(e) : que vont-ils penser ?

Ou encore, réfléchir à ce pour quoi vous êtes faite, plutôt que continuer à faire ce que vous avez toujours fait (et que vous faites plutôt bien d'ailleurs !). Suivre son intuition peut se révéler être un véritable casse-tête. Elle nous confronte à des choix difficiles qui, sur le moment, peuvent nous paraître insurmontables. Résultat, on se cherche des excuses pour, surtout, ne pas devoir l'écouter. Arrêtez de gamberger et concentrez-vous sur l'essentiel, c'est-à-dire vous !

Posez-vous les 3 questions suivantes :

1. Qu'est-ce que je ressens au fond de moi ?
   Je ressens ....
   Ce ressenti est :
   ☐ favorable au statu quo. (0 point)
   ☐ favorable au changement. (2 points)

2. Qu'est-ce que ça me coûte profondément, dans mon cœur, de :

▷ rester dans cette situation ?

☐ ....(1 point)
☐ ....(1 point)
☐ ....(1 point)

▷ en changer ?

☐ ....(0 point)
☐ ....(0 point)
☐ ....(0 point)

3. Qu'est-ce que ça m'apporte profondément, dans mon cœur, de :

▷ rester dans cette situation ?

☐ ....(0 point)
☐ ....(0 point)
☐ ....(0 point)

▷ en changer ?

☐ ....(1 point)
☐ ....(1 point)
☐ ....(1 point)

➾ Faites vos comptes ! Si vous avez plus de 4 points, c'est certainement que votre intuition vous souffle de bousculer votre vie, et qu'il semble plus bénéfique pour vous de la suivre !

Le petit conseil en +
Rien ne vous oblige à suivre votre intuition sur l'instant. Vous pouvez tout à fait prendre un peu de temps pour y réfléchir, notamment en termes de temps, d'argent ou d'énergie (quels seraient les bénéfices attendus et les investissements nécessaires si vous décidiez de suivre votre intuition ?). Rappelez-vous qu'elle vous indique une direction, mais vous êtes libre de la suivre – ou non.

Et elle insiste en plus !
Voilà qu'elle revient à la charge, en nous criant : « Hey ! Ce n'est pas par là ! Ce n'est pas la bonne direction ! ». Mais elle ne pourrait pas nous laisser tranquiiille ? Eh bien, dites-vous que c'est pour votre bien (si, si !). Si elle insiste, ce doit être important. Alors, ne la négligez pas. Rejeter une intuition importante et récurrente (du moins, jusqu'à ce qu'elle ait été entendue) peut provoquer l'apparition de symptômes somatiques comme l'angoisse.

Post-it citation
« Dès que vous vous débarrassez de l'idée que vous devez plaire aux autres avant de vous plaire à vous-même, vous commencez alors à vous fier à votre instinct. » (Raquel Welch)

Restez spontanée !

Bizarrement, à partir du moment où on arrête de se demander ce que les autres vont penser, on se sent tout de suite mieux, comme libérée. On retrouve notre spontanéité et notre intuitivité. On « sent » que c'est la bonne décision (quoi que les autres en pensent !), que cette activité nous convient ou nous fait du bien… Résultat, on devient plus authentique, fidèle à nous-même. Quoi de mieux pour faciliter l'apparition de notre intuition et oser la suivre ? Grâce à la spontanéité, on oublie de réfléchir (pour un temps, seulement) aux « éventuelles » conséquences et on fait ce qu'on aime, finalement. Magique !

Libéré, délivré… mon potentiel intuitif !

Quel chemin parcouru depuis le début de ce chapitre ! Vous avez pu développer vos sens, acquérir la méthode pour capter et interpréter les messages reçus par votre intuition sans vous laisser duper par vos émotions et autres faux-amis. Bien sûr, il va vous falloir expérimenter, encore et encore, pour parfaire la technique (et surtout, la faire vôtre !). Mais petite récompense, quand même (ça se fête, tous ces efforts !) : on vous propose de rencontrer votre intuition… en personne !

Rencontre avec mon guide intérieur

On vous voit venir, vous vous dites que c'est impossible (ou très weird). Eh bien, pas du tout ! Vous pouvez rencontrer votre intuition. Comment ? En pratiquant une technique de visualisation ! « Visualiser » consiste à se représenter mentalement une image. Elle n'est pas réelle, et pourtant notre cerveau ne sait pas faire la différence. Résultat, vous allez pouvoir entrer en contact avec votre intuition et libérer (encore plus) votre potentiel intuitif ! Votre intuition pourra ainsi prendre la forme d'un ou plusieurs personnages, qui apparaîtront tout au long du chemin menant à l'intérieur de vous-même. Prête à plonger dans votre intériorité ? C'est parti !

Let's go !

1. Installez-vous confortablement en position assise ou allongée. Fermez les yeux et concentrez-vous sur votre respiration. Respirez profondément 5 fois.
2. Observez comme l'air est frais lorsque vous inspirez. Imaginez-le chargé de bonnes énergies (vous faites le plein d'ondes positives !) tandis qu'à l'expiration, celui-ci devient légèrement plus chaud. Vous évacuez ainsi toutes les tensions et le stress accumulés. Ressentez alors comment votre corps se détend et s'apaise.
3. Maintenant, laissez venir à vous l'image d'un lieu en pleine nature (une prairie, un bord de mer, une forêt, etc.). Ce peut être un lieu que vous connaissez, ou complètement imaginaire ; dans tous les cas, vous vous y sentez bien.
4. Explorez ce paysage à l'aide de vos 5 sens : y fait-il beau ? Quelle est la forme des nuages (s'il y en a) ? Quels sont les bruits ? Les odeurs ? Les images ? Peut-être avez-vous remarqué une baie de fruit rouge que vous pourriez goûter… Prenez le temps de découvrir et de vous approprier les lieux. (Vous vous mettez ainsi en condition : en réveillant vos sens, vous modifiez doucement votre niveau de conscience.)
5. Tiens, voilà qu'un sentier apparaît. Inconsciemment, celui-ci va vous mener au plus profond de vous-même. Suivez-le. Il se peut qu'en chemin un animal vous guide. N'hésitez pas à l'écouter, dialoguer avec lui. Peut-être a-t-il quelque chose à vous apprendre…
6. Ça y est, vous voilà arrivée. Vous vous sentez libre, en sécurité, heureuse et apaisée. C'est votre lieu d'ancrage. Là où se trouvent toutes vos richesses (sentiment d'amour, de confiance,

lumière, arbre de vie, par exemple). Rendez-vous compte : vous êtes pleine de ressources ! Vous pouvez vous en féliciter. Apportez amour et attention à cet endroit pour cultiver vos ressources intérieures et votre intuition. Ce lieu est-il habité ? Écoutez les conseils du guide qui s'y trouve. Lorsque vous vous sentirez prête, dites au revoir à ce lieu et revenez à votre respiration. Quand vous en aurez envie, vous pourrez rouvrir les yeux. Étirez-vous ou bâillez si le besoin s'en fait sentir, avant de vous (re)lever.

Le petit conseil en +
Si vous le souhaitez, vous pouvez préparer une question et la poser à votre guide intérieur lorsque vous serez dans votre lieu d'ancrage. Dans ce cas, formulez clairement votre question (voir la méthode p. 32-33) et attendez. Des mots, une image, une impression peuvent surgir. Si rien ne vous vient, ce n'est pas grave. Remerciez-le et prenez congé. La réponse s'imposera à vous à un autre moment.

En résumé : les 10 commandements de l'intuitive girl

1. Confiance en ton intuition tu auras
Eh oui, la confiance est la base de tout ! Ce n'est pas toujours facile : on peut se tromper, on ne s'explique pas toujours tout (pourquoi je le sens pas ?) et notre intuition peut parfois nous emmener *très* loin de ce que l'on aurait pensé, mais c'est la clé pour l'écouter et la rendre, au fil du temps, de plus en plus fiable.

2. Tes 5 sens tu aiguiseras
Vous l'aurez compris, qui dit « sens » dit intuition. Ils nous donnent accès à notre intuition, alors ouvrez grand la porte, et stimulez-les !

3. Disponible tu seras
Il est important de se réserver de temps en temps des petits moments, rien que pour soi. Pause, séance de méditation, activité plaisir, ils permettent de se reconnecter à soi et donc, forcément, à son intuition.

4. À demander pour recevoir tu apprendras
L'intuition est spontanée, certes, mais elle peut aussi être guidée par votre intention. Donc, demandez-lui et elle vous répondra !

5. T'écouter tu sauras
Votre demande effectuée auprès de votre intuition, il faut prendre le temps d'écouter sa réponse (même si celle-ci ne vous plaît pas). Ça peut paraître bête dit comme ça, mais faute d'une ligne directe (ce serait tellement plus simple, n'est-ce pas ?), l'intuition se manifeste bien souvent par des moyens détournés, et de multiples façons. Mais une chose est sûre (et c'est plutôt rassurant !) : l'intuition passe systématiquement par le corps, alors écoutez-le et vous saurez !

6. Tes émotions tu accueilleras
On ne parle pas des émotions positives, celles-là, c'est plutôt simple, mais les autres. Qui aime se sentir triste ou stressée ? On n'a qu'une envie : les balayer d'un revers de main… Surtout pas ! Elles sont là pour vous aiguiller. Peut-être qu'une intuition est à l'origine de cette émotion. À défaut, elles sont tout aussi importantes puisqu'elles nous permettent de mieux nous connaître (là encore, un must have pour développer son intuition !).

7. La paranoïa tu éviteras

On a tous tendance à se faire des films, prêter à untel telle ou telle intention. Résultat, on fait fausse route. Alors, ne réfléchissez pas trop et revenez aux sources premières de votre intuition : votre ressenti.

8. Ton intuition tu ne jugeras point

On a parfois aucune envie d'écouter son intuition. Tel ou tel choix risquerait de bouleverser notre vie à jamais, on n'a décidément pas envie de « voir » cette personne comme notre intuition aimerait qu'on la voie… Bref, les exemples ne manquent pas. Mais rappelez-vous, l'intuition sait ce qui est bon pour vous. Donc, même si vraiment, vous n'en avez pas envie, gardez-la dans un coin de votre tête et revenez-y plus tard, lorsque vous serez prête. Dans tous les cas, vous restez maîtresse de vos choix et libre de suivre votre intuition, ou pas.

9. À te tromper tu t'autoriseras

L'intuition n'est pas une science exacte, et c'est tant mieux ! Vous allez pouvoir expérimenter, découvrir et perfectionner votre lecture de vous-même et de votre intuition. Alors, n'ayez pas peur, et osez !

10. Ton intuition tu suivras

Cela demande du courage et de l'audace, mais on sait que vous en êtes capable. Suivez votre intuition, à la clé vous vous rapprocherez du meilleur de vous-même. Quoi demander de plus ?
Et enfin, une intuitive girl accomplie tu deviendras !

Chapitre 3

Je m'ouvre aux signes et aux coïncidences !

Vous rencontrez une personne « par hasard », ou encore trouvez une information dont vous allez avoir besoin – toujours par hasard. Curieux, non ? De même, vous faites un rêve qui vous pousse à l'action, comme remédier à une situation difficile à vivre pour vous. Le point commun dans tout ça ? L'intuition ! Eh oui, elle n'est jamais loin, et nous envoie des messages au quotidien. Alors, prête à vous ouvrir aux signes et autres heureuses coïncidences ?

Heureux hasard ou coïncidence ?

Difficile de mettre tout le monde d'accord… Pour certains, le hasard n'est ni plus ni moins qu'un évènement imprévu, totalement inexplicable, sans aucun sens, appelé aussi « coïncidence ». D'autres y voient une simple question de probabilités : certaines coïncidences nous paraissent hautement improbables, pour autant elles sont mathématiquement « possibles ». Par exemple, vous avez 0,3 % de chance de rencontrer quelqu'un né la même date que vous. Fait rarissime, mais possible !

Post-it citation
« Le hasard, c'est Dieu qui se promène incognito. » (Albert Einstein)

D'autres encore invoquent le hasard comme une manifestation divine (« le hasard fait bien les choses »), le Destin, la bonne étoile, la Providence, la baraka… Bref, le hasard n'a pas fini de faire parler de lui ! Mais une chose est sûre et met tout le monde d'accord : provoquer sa chance – ces heureux hasards, auxquels l'intuition n'est pas étrangère –, c'est possible ! Ça vous tente ? Allez, on vous dit comment faire !

Le saviez-vous ?
Le mot « hasard » trouverait son origine dans… un jeu de dés, le az-zahr. C'est, dit-on, au xe siècle, dans la ville d'El Azar en Palestine, qu'il a été inventé, c'est pourquoi il porterait son nom aujourd'hui, qui signifie « Dieu a secouru » en hébreu.

Je me prépare au (heureux) hasard !

« Le hasard ne favorise que les esprits bien préparés », c'est Louis Pasteur qui l'a dit ! Alors comment on se « prépare » ? En apprenant à être attentive, pour commencer.

Un état d'esprit

Être attentive, c'est se rendre disponible. C'est un état d'esprit, un regard que l'on porte sur les choses. En clair, il faut se tenir prête à accueillir les évènements à venir. Quels sont les signaux ? Qu'ils soient forts ou faibles, ouvrez grand les yeux, dressez l'oreille (vous cherchez un appartement dans le quartier et il se trouve que vous entendez justement la concierge de l'immeuble parler d'un déménagement), sentez l'intérêt de participer à tel ou tel évènement pour rencontrer de nouvelles personnes, peut-être elles-mêmes porteuses d'opportunités…

Ma top-list des petites chances de la vie

Mettez-vous à collectionner… les coïncidences ! Pour cela, rien de plus simple : prenez le temps d'écrire, dans votre petit journal d'intuition par exemple, toutes les coïncidences que vous avez rencontrées au fil de votre journée. Exemple : on vous suggère, deux fois dans la même journée, de lire le même livre (se pourrait-il qu'il change votre vie ?) ; une personne vous conseille une expo et, alors que vous êtes en train de déambuler dans les couloirs du musée, vous tombez nez à nez avec une très bonne amie que vous aviez perdue de vue ; vous avez besoin d'acheter une nouvelle voiture, ça tombe bien : une petite annonce traînait à côté de la machine à café, et c'est exactement le modèle auquel vous pensiez !

Les heureuses coïncidences que j'ai remarquées aujourd'hui :

Jour après jour, vous allez entraîner votre cerveau à accorder de l'attention à ces « petites choses » du quotidien, élargir votre champ de conscience et accueillir plus facilement les prochains signes et coïncidences qui se présenteront sur votre chemin !

Comme le dit l'écrivain Paulo Coelho : « L'extraordinaire se trouve sur le chemin des gens ordinaires. » Alors, ne vous laissez pas influencer par des jugements du type : « Ça n'a pas de sens », « Ce n'est pas (assez) important »… Et devenez une collectionneuse hors pair !

Attentive ET concentrée

Le petit bémol, c'est que trop d'attention mène à la dispersion... On voit plein de signes, susceptibles d'être autant d'opportunités, mais on ne sait plus laquelle choisir ! La solution ? Se concentrer sur l'une de ces opportunités pour la saisir à temps (ce serait bête qu'elle vous passe sous le nez, non ?). C'est la stratégie du *switch*, ou comment passer d'un état mental à l'autre, utilisée par certains préparateurs mentaux d'athlètes de haut niveau, rien que ça ! Par exemple, pour un job, vous ne comptez plus le nombre d'offres qui vous plaisent ? Commencez par répondre à l'une d'elles. Qui sait, ce sera peut-être la bonne ?

Et si le hasard n'arrivait pas… par hasard ?

L'idée ? On attire ce que l'on projette. Autrement dit, si vous avez un projet, une envie, et que vous le nourrissez d'amour et d'attention, vous distinguerez plus facilement les signes et opportunités qui vous permettront de le réaliser. Comme si la vie, l'univers (c'est vous qui vous voyez) répondait à vos souhaits et vous envoyait des signes. Dingue, non ? Ce principe s'appelle la loi de vibration ou d'attraction. Alors écrivez vos intentions dans votre journal d'intuition, les signes apparaîtront !

Synchro... quoi ?

L'intuition, c'est s'ouvrir à la magie du quotidien et, parfois, de certaines coïncidences. Carl Gustav Jung préfère parler de… synchronicité. Ne cherchez pas dans le dictionnaire : tout droit sorti de son imaginaire, ce terme désigne l'apparition simultanée d'évènements a priori sans lien entre eux, et qui pourtant prennent tout leur sens pour celui qui les perçoit. Par exemple : vous songez à changer de job, et voilà que votre meilleure amie vous présente « la » personne qui cherche quelqu'un comme vous ! Synchronicité ! De même, vous êtes en train d'écouter la radio quand, subitement, passe une chanson qui fait étrangement écho à la situation que vous vivez. Synchronicité ! On vous l'accorde : après ça, il peut être tentant de voir des signes *partout*. Détrompez-vous, la synchronicité répond à des critères bien précis.

4 conditions pour être « synchro » avec l'univers

La synchronicité est porteuse de sens, une signification que vous seule pouvez lui donner. En bref, elle vous parle. C'est un évènement-déclic qui débloque quelque chose en vous, une porte s'ouvre sur votre inconscient et vous comprenez soudain une vérité profonde. Elle permet de satisfaire des besoins, tout comme d'accéder à certains désirs, conscients ou non :

1. Elle peut bouleverser le cours de notre existence en nous montrant une direction que l'on n'envisageait pas forcément au départ…
2. Elle se produit, de préférence, à une période charnière de notre existence (une période de doute, de transition, etc.).

3. Elle nous apporte bien souvent une réponse, pour débloquer une situation ou créer du lien entre la réalité et nos pensées. « Comme par magie », on rencontre les bonnes personnes au bon moment, par exemple.
4. Enfin, elle est associée à une bonne dose d'émotions fortes. Elle nous fait « vibrer » : rien de mieux pour se rapprocher de ce que l'on aime vraiment ! Elle nous donne l'impression d'être soutenue, guidée… En un mot, « synchro » avec l'univers ! Tout s'aligne, tout s'éclaircit !

Les heures miroirs ou heures doubles, des synchronicités qui en disent long sur vous !

Un exemple de synchronicité du quotidien ? Les heures miroirs, ou heures doubles, comme 10 h 10, 12 h 12… Alors : hasard, destin ou simple coïncidence ? Doreen Virtue, Docteure en psychologie et spiritualité, s'est essayée à en retrouver le sens caché. Quelle heure est-il ? On vous transmet le(s) message(s) de l'univers !

Mon petit dico des happy hours !

La dernière fois que vous avez regardé l'heure, vous êtes tombée sur une heure miroir ? Quel message contient-elle pour vous ? Quel conseil vous donne-t-elle pour vous guider dans la vie ? Vous verrez, ça tombe toujours très juste, c'est la magie des synchronicités où VOUS trouvez « le » message qui fait écho à votre vie.

00 h 00 : Tout est possible ! Un nouveau cycle se prépare.
01 h 01 : Vous avez besoin de temps pour vous.
02 h 02 : Prenez le recul nécessaire pour analyser votre situation et prendre les bonnes décisions.
03 h 03 : C'est le moment de noter toutes vos idées ! Votre créativité est à son comble.

04 h 04 : Vous allez faire preuve d'une grande vitalité et trouver en vous la motivation nécessaire pour mener à bien vos projets.
05 h 05 : Sachez que vous êtes... épaulée ! Eh oui, il est temps de récolter le fruit de votre travail (parfois, acharné) et de commencer à vivre la vie que vous souhaitez.
06 h 06 : Lâchez prise.
07 h 07 : Les portes de la sagesse s'ouvrent à vous.
08 h 08 : Restez concentrée sur vos priorités.
09 h 09 : Ne reculez pas devant le défi qui s'offre à vous, tirez-en parti.
10 h 10 : Vous êtes entourée d'une belle énergie. Changements positifs en perspective.
11 h 11 : Ne négligez pas vos besoins et ceux des autres.
12 h 12 : Suivez votre intuition, elle vous portera chance !
13 h 13 : Vous avez besoin de changement et, comme par hasard, celui-ci ne va pas tarder à arriver... Préparez-vous !
14 h 14 : L'instabilité pointe le bout de son nez. À vous de la transformer en (r)évolution !
15 h 15 : Rappelez-vous que vous avez le pouvoir d'agir sur votre vie par la seule force de l'intention !
16 h 16 : Essayez de vous ressourcer.
17 h 17 : Cultivez la gratitude. Elle vous aidera à avancer et vous donnera confiance en la vie (vous pourriez même recevoir un petit coup de pouce du destin pour régler une situation délicate !).
18 h 18 : Faites le tri dans votre vie entre ce qu'il convient de garder ou non.
19 h 19 : Libérez-vous des conditionnements, de vos peurs et des limites que vous vous imposez : le meilleur vous attend !
20 h 20 : Gare à la précipitation ! Prenez le temps de repenser votre situation.
21 h 21 : Poursuivez vos efforts, ils vont finir par payer.
22 h 22 : Votre communication est renforcée, tout comme votre capacité à faire de grandes choses ! Vous êtes miraculous !
23 h 23 : Des moments de joie arrivent.

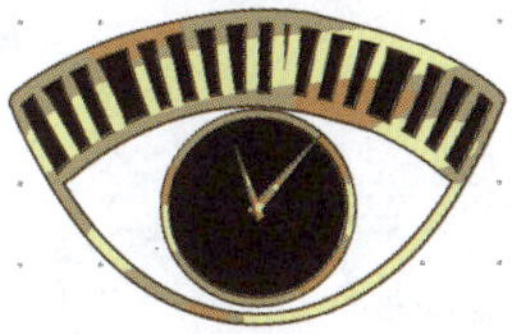

Je passe en mode... sérendipité !

On l'a vu, l'intuition implique une certaine ouverture d'esprit, une tolérance face à l'incertitude... et c'est justement cette posture qui va favoriser la survenance de (belles) découvertes ! La sérendipité, c'est justement l'art de découvrir « par hasard » – mais grâce à cet état d'esprit « aware » (poke Jean-Claude Van Damme !) – ce que l'on ne cherchait pas. Les exemples de sérendipité ne manquent pas ! La découverte de l'Amérique notamment puisque, souvenez-vous, Christophe Colomb était en route pour les Indes... La tarte Tatin, également : d'après la légende, on doit sa création à l'une des sœurs Tatin qui avait tout simplement oublié la pâte à tarte et décida de la déposer, à la hâte, au-dessus des pommes ! Une invention culinaire, par hasard. Le pacemaker est encore un exemple tout aussi intéressant : un ingénieur voulait créer un appareil destiné à enregistrer les battements du cœur. Oui, mais voilà, il s'est trompé de composant électrique ! Résultat, l'appareil s'est mis à émettre des pulsions électriques... D'heureux hasards qui prennent leurs racines dans une bonne intuition !

Quels sont les bienfaits d'une vie sérendipienne ?

La sérendipité permet de saisir des opportunités

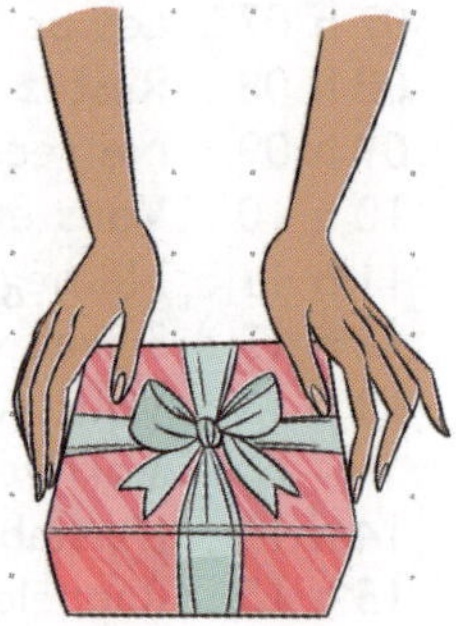

En amour comme au travail, la sérendipité consiste à faire des découvertes que l'on ne s'attendait pas à faire, comme une rencontre avec de nouvelles personnes (que l'on ne cherchait pas forcément !) qui vont nous aider à accomplir une tâche, à apprendre quelque chose de nouveau, sur nous-même ou les autres, bref, nous éveiller à la vie et à toutes les opportunités qu'elle recèle. À vous de les saisir !

La sérendipité développe la résilience

Dans la vie en général, tout ne se passe pas *toujours* comme prévu. Certaines histoires finissent mal, un job qui avait l'air « super » peut se révéler galère… En clair, chacune a plus ou moins son lot de déconvenues. Mais la bonne nouvelle, c'est que la sérendipité nous pousse à essayer de valoriser ce qui nous arrive « par hasard ». Eh oui, la sérendipité c'est aussi, avec l'aide de l'intuition, faire de belles découvertes dans les moments désagréables. Par exemple, une erreur peut s'avérer bénéfique (au moins, vous ne la referez pas), tout comme une rupture peut laisser la place à une nouvelle rencontre et la chance d'être aimée, cette fois, pour qui l'on est vraiment. Ce miracle s'appelle la résilience ! C'est la capacité que nous avons toutes et tous à surmonter, avec plus ou moins de facilité, une épreuve difficile pour aller de l'avant.

La condition à la sérendipité : une bonne dose d'optimisme !

Cultiver la sérendipité revient donc à saisir les opportunités du quotidien et trouver du positif en toute chose. Il faut donc être optimiste ! Mais attention à ne pas confondre avec de la naïveté et de la crédulité ! Le risque serait de voir des signes partout ou de se laisser porter par les évènements… Or, la sérendipité est un principe « actif ». Vous, et vous seule, avez le pouvoir d'orienter les aléas et opportunités en fonction de vos besoins et envies profondes. Autrement dit, soyez honnête avec vous-même et clarifiez vos besoins. Quels sont-ils ? Plus ce sera clair dans votre tête (où en êtes-vous ? qu'est-ce que vous voulez vraiment ?), plus l'univers sera à même de vous aider, en vous envoyant des coups de pouce. Ce sera alors à vous de jouer, et d'agir au mieux pour la suite. Le meilleur reste à venir, ne l'oubliez pas !

Opération recyclage positif

Prenez quelques instants pour vous remémorer une situation pas ou peu agréable pour vous. Passé la déception, tristesse, ou toute autre émotion que cette situation a pu provoquer chez vous, demandez-vous : « Qu'y a-t-il de positif là-dedans ? » Par exemple, vous venez d'être licenciée. Quel choc ! Vous ne vous y attendiez pas… Certainement êtes-vous assaillie par des peurs, des doutes (allez-vous être capable de retrouver un job ?)... Mais avant de céder à la panique, essayez de voir ce que vous pouvez en faire. Peut-être que c'est le bon moment pour réfléchir... Qu'est-ce que cela vous apprend ? Comment pouvez-vous utiliser ce « coup du sort » pour aller à la pêche aux informations, rencontrer de nouvelles personnes et trouver de nouvelles perspectives ? (N'oubliez pas que vous avez des compétences, des contacts, alors servez-vous-en.) Enfin, passez à l'action ! Une issue heureuse et inespérée (merci notre intuition !) pourrait bien se présenter à vous, et même bien plus vite que vous ne le pensez...

La situation désagréable :

....

Qu'y a-t-il de positif là-dedans ?

....

....

....

....

....

Let's dream !

Certes, l'intuition aime jouer avec le hasard... Mais ce n'est pas tout. (Eh oui, elle n'a pas fini de nous étonner !) L'un de ses autres moyens d'expression est : le rêve. Elle s'en sert pour communiquer avec nous. Comment ? Grâce aux symboles !

Post-it citation
« Les rêves sont la langue maternelle de l'inconscient. » (Carl Gustav Jung)

Les rêves sont bourrés de symboles !

À l'origine, le mot « symbole » désignait un objet coupé en deux, dont deux personnes conservaient chacune la moitié. C'était un signe de reconnaissance. Et si on y réfléchit, c'est encore le cas aujourd'hui. Vous pouvez parler chinois, arabe, français, anglais, espagnol... Si on vous montre un symbole, il y a de grandes chances pour que vous le compreniez. En résumé, on parle tous le « symbole » ! C'est un langage universel qui rassemble au-delà des frontières et du temps. Et pour preuve : des ethnologues ont découvert des mythes et symboles communs à des peuples qui ne se sont rencontrés. Stupéfiant, non ?

Les contes de fées : tout un symbole !
Que nous enseignent les contes de fées ? En règle générale, ils nous apprennent, via le voyage, symbole d'évolution et d'apprentissage, qu'il faudra puiser en nous force et sagesse pour nous réaliser et accomplir notre destin. Alors, qui pense toujours que combattre une sorcière n'est pas utile dans la « vraie » vie ?

Un peu de vocabulaire !

Dans le monde des rêves apparaissent des symboles, et parfois des archétypes issus de l'inconscient collectif. Archétype, inconscient collectif… : on vous a perdu avec tout ce vocabulaire ? Pas de panique ! On vous explique ça tout de suite :

Archétype
Un archétype est un symbole primitif appartenant à l'inconscient collectif. Il peut s'agir d'un thème (la vie, la mort, par exemple) ou d'un personnage, comme un sage, un lutin, Mère Nature, etc. Ce sont des personnages connus dans la plupart des cultures.

Inconscient collectif
Théorisé par le psychiatre et psychothérapeute Carl Gustav Jung, c'est une sorte d'immense réservoir de symboles, d'images, de contes et légendes, mythes et archétypes communs à l'histoire de l'humanité, et dans lequel nous puisons inconsciemment.

Tous mes rêves...

Les rêves ordinaires

Couleur, forme, image onirique… le rêve se compose essentiellement de ce que nous avons vécu la veille ou les jours précédents. Il reflète notre quotidien : nos pensées, nos actions, nos préoccupations – au travail, en amour, comme en matière de santé –, nos joies, nos peines, etc.

Ces rêves permettent de « digérer » des évènements qui se sont passés au cours de la journée, et peuvent parfois contenir des messages intuitifs qui nous aideront à mieux nous connaître. Exemples de rêves les plus courants : être poursuivi, se promener nu, faire l'amour, voler, ou encore perdre ses dents… Ce sont à peu près les rêves les plus fréquents, identifiés parmi les Français, à quelques différences près, en fonction du sexe, de l'âge, de la culture, voire de la catégorie socio-professionnelle.

➾ Rendez-vous p. 60 pour consulter le petit dictionnaire des rêves.

Les rêves récurrents

D'autres rêves se répètent, encore et encore, comme s'ils venaient inlassablement frapper à la porte de notre âme. Ce sont les rêves récurrents ! Bien souvent, ils nous permettent d'assimiler un choc lointain. Ils peuvent aussi venir confirmer ou infirmer un choix. Par exemple, vous hésitez à changer de job. Pourtant, tous les soirs, vous faites le même rêve : celui de votre pot de départ ! C'est peut-être un signe, non ? Votre intuition vous encourage à le faire.

➾ Décodez-le grâce au dico des rêves p. 60 et écoutez son message !

Les grands messages intuitifs des rêves archétypaux

Les rêves archétypaux font partie d'une catégorie encore à part. Ils surviennent au moment où votre inconscient se connecte à *plus grand* et puise dans l'inconscient collectif, commun à toute l'humanité. Tout à coup, un nouveau monde s'offre à vous. Par exemple, vous vous retrouvez embarquée dans un voyage, une épopée, au cours de laquelle des évènements se produiront. Souvent, la fin du rêve marque la fin du voyage. Mais, en réalité, ce n'est que le début. Eh oui ! Le rêve archétypal a pour mission de nous préparer, le temps d'un rêve, aux changements à venir et aux nouveaux défis à relever.

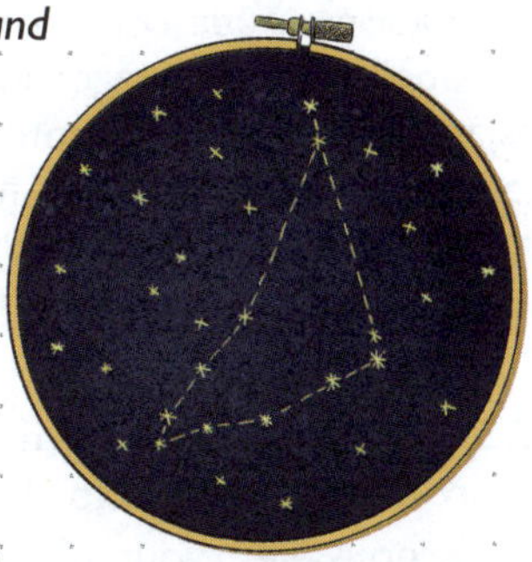

➾ Il nous donne des indices pour évoluer de façon profonde. Bref, c'est un rêve intuitif en mode +++ ! Si nécessaire, décodez-le avec le dico des rêves p. 60.

Comment reconnaître un rêve archétypal ?

- ✓ Il prend souvent la forme d'un voyage, un combat, une découverte.
- ✓ Il semble venir d'un autre monde (il revêt un caractère sacré).
- ✓ Il nous laisse une forte impression au réveil.
- ✓ Il a trait à la transformation.
- ✓ Il nous encourage à avancer.

Rêve prémonitoire, le mystère

De tous temps, le rêve a eu valeur de prophétie. Déjà, dans la Rome de César, toute personne ayant fait un rêve dans l'intérêt de la cité devait le confier aux autorités ! Il n'est pas rare, encore aujourd'hui, qu'un rêve se réalise quelques jours plus tard, à la grande surprise du rêveur lui-même (et de la science !). C'est ce qu'on appelle un rêve prémonitoire. Généralement, les informations qu'il nous délivre parlent d'elles-mêmes. C'est comme une « vision ». Pourquoi ? Comment ? Mystère !

3 bonnes raisons de rêver

La fonction du rêve est encore à l'étude par les scientifiques. Mais cela ne doit pas nous empêcher – à l'appui de la psychanalyse ou de traditions millénaires – de formuler quelques hypothèses…

Pour mieux vous connaître

Épictète (philosophe grec) le disait déjà, il y a presque 2 000 ans de cela : « Tu veux te connaître ? Consulte tes rêves. » Pourquoi ? Parce que les rêves sont à l'image de nos vies. Ils nous révèlent nos besoins, ceux que nous avons besoin de combler, nos envies profondes (que l'on met parfois de côté !), en bref, tout ce que nous n'osons pas vivre ! Et qui peut parfois sévèrement nuire à notre bonheur… Alors, plus une minute à perdre ! Mettez-vous à l'écoute de vos rêves, découvrez ce qu'ils ont à vous apprendre, passez à l'action et boostez votre niveau de satisfaction ! *Welcome yourself !*

Pour résoudre un problème

Certains rêves peuvent nous aider à trouver intuitivement la solution à un problème : des informations – que l'on croyait jusque-là avoir oubliées – nous reviennent en mémoire, une idée apparaît, une suggestion d'action à mener… En clair, notre inconscient nous envoie des messages, de jour comme de nuit, et c'est ici la nuit qu'il choisit pour nous éclairer (comme un phare dans la nuit !) et nous guider. Nous avons certainement accumulé tout un tas d'indices, d'informations clés au cours de la journée, voire les journées précédentes, susceptibles de nous apporter une réponse qu'il nous livre « en plein sommeil » dans un rêve. Ce n'est pas génial ?

SOS, j'ai besoin d'un rêve tout de suite maintenant pour résoudre un problème : mon exo de rêve éveillé

Bonne nouvelle : vous n'êtes pas obligée de faire une nuit complète pour accéder à cet état de « veille » – entre éveil et sommeil, où l'on rêve. Une simple sieste peut suffire, à condition de rester éveillée, bien sûr. Allez, suivez le guide !

1. Allongez-vous et fermez les yeux.
2. Progressivement, laissez les images et symboles apparaître à votre esprit. Notez également toutes vos sensations physiques ou émotionnelles.
3. Ouvrez les yeux et décrivez ce qui s'est produit (utilisez la méthode p. 57-60 pour vous aider à interpréter). Instructif ?

Bravo ! Vous venez de rêver en direct et de vous connecter à vos ressources intuitives !

Pour s'adapter à la vie de tous les jours et… prendre votre destin en main !

On l'a vu, rêver permet de revivre certains événements. C'est une aide précieuse pour intégrer ce qui s'est passé la veille ou les jours précédents et, éventuellement, nous décharger de certaines tensions (comme une soupape de sécurité). Mais rêver permet aussi de tester différents scénarios. Par exemple, les jeunes mamans rêvent souvent qu'il arrive quelque chose à leur bébé et doivent lui porter secours. Résultat, elles sont mieux armées dans la vie de tous les jours. En bref, rêver, c'est se préparer ! Que ce soit à la vie de tous les jours, notre quotidien comme notre destin. Eh oui ! Entre autres, ces fameux rêves archétypaux qui nous poussent à dépasser nos limites et découvrir nos ressources (en grande partie insoupçonnées !) pour nous réaliser, dans la vraie vie cette fois-ci.

Post-it citation
« Fais de ta vie un rêve, et d'un rêve, une réalité. » (Antoine de Saint-Exupéry)

Help, je ne rêve jamais !

Bonne nouvelle : ce n'est pas parce que vous ne vous en souvenez pas que vous ne rêvez pas. Nous rêvons probablement tous, environ 1 h 30 par nuit, même si la plupart affirment ne rêver qu'une fois par mois (d'après les souvenirs qu'ils en ont). Passé ce constat, ce serait bien de s'en souvenir quand même, non ? Mais vous n'y pouvez rien, dès que vous vous levez, vous avez tout oublié. Pfuit, envolés, les rêves ! Et s'il existait un remède ? Ce remède consiste à… attraper vos rêves au réveil ! Comment ? En pratiquant les petits rituels suivants.

Mes petits rituels attrape-rêves

1. Dès la journée, commencez à user d'un peu d'autosuggestion : « Au réveil, je me rappelle mes rêves. »
2. Avant d'aller vous coucher, préparez-vous un grand verre d'eau et buvez-en la moitié. Conservez l'autre moitié pour le lendemain matin (petite technique d'autoprogrammation).
3. Au réveil, évitez les mouvements brusques (qui malmènent la mémoire à court terme) et racontez-vous votre rêve. Il est même préférable de le faire avant d'ouvrir les yeux, pour éviter d'être perturbée par tout ce qui pourrait immédiatement entrer dans votre champ de vision. Vous pouvez l'écrire, si vous le souhaitez.

Vous verrez qu'avec un peu d'entraînement, vous allez de mieux en mieux vous souvenir de vos rêves !

Comment j'interprète mes rêves ?

« Un rêve non interprété est semblable à une lettre jamais ouverte » (dixit le Talmud). Imaginez-vous : ne jamais ouvrir votre courrier ! Et toutes ces nouvelles que vous n'aurez jamais, tous ces conseils, ces intuitions, ces messages de votre inconscient qui resteront lettre morte et ne vous permettront pas d'entendre vos besoins et désirs profonds ? Alors qu'ils pourraient vous aider à mieux vous comprendre, à prendre soin de vous, à vous armer pour avancer dans la vie ! Allez, on vous explique – à l'aide d'une méthode ultra-simple – comment décortiquer vos rêves pour trouver les messages qu'ils contiennent !

1. Je détermine de quel genre de rêve il s'agit

C'est l'impression qu'il vous laisse au réveil, l'émotion qu'il a pu vous procurer ou son souvenir encore vivace, qui vous aideront à répondre à cette question. Vous tenez un rêve qui vous a particulièrement marquée ? Son message doit être important. Alors, c'est le moment de « creuser ». Prête ? C'est parti !

2. J'écris tout !

Couleur, sensation, apparition de lettres, chiffres ou symboles, messages ou phrases prononcées… De même, y avait-il des personnes que vous connaissez ? Quel était leur rôle et, surtout, le vôtre ? Pour vous aider à vous souvenir d'un rêve, utilisez le guide suivant :

▻ Personnage(s) : qui était présent ? Exemple : une amie ou un groupe d'amis, des membres de votre famille, des célébrités (pourquoi pas !), des personnages de contes de fées ou de la mythologie, de parfaits inconnus…

……………………………………………………………………………………

……………………………………………………………………………………

▻ Interactions : avez-vous interagi avec eux ? Quelle était l'ambiance ? Exemple : c'était plutôt convivial, détendu, ou, au contraire, une bagarre a éclaté, vous avez ressenti de la compétition…

……………………………………………………………………………………

……………………………………………………………………………………

▻ Décor : quel était-il ? La nature était-elle présente ? Avez-vous remarqué certains objets ? Exemple : un arbre, un oiseau, de l'eau, des vêtements, des outils…

……………………………………………………………

……………………………………………………………

……………………………………………………………

▻ Adjectifs : c'était « comment » ? Exemple : beau, laid, grand…

……………………………………………………

……………………………………………………

……………………………………………………

▻ Émotions et/ou sensations (utilisez tout ce que l'on a pu voir dans le chapitre précédent !) :

....

....

▻ Lieux : c'était dedans ? dehors ? un lieu que vous connaissez déjà, peut-être ? Exemple : une maison, *votre* maison, un théâtre...

....

....

▻ Conclusion : ce rêve peut-il être associé à un « résultat » ? Exemple : un sentiment de réussite (ou non), de problème résolu...

....

....

3. Je fais le lien avec les évènements de ma vie

Essayez de faire des rapprochements (s'il y en a) avec ce que vous avez vécu la veille ou les jours précédents. Que s'est-il passé ?

Cet exercice vous permettra de distinguer ce qui peut influencer votre rêve (ce que vous vivez, par exemple, en ce moment) d'autres éléments qui semblent, à l'inverse, sortir de « nulle part ». Auquel cas, il vous faudra étudier le contenu de votre rêve avec soin (ce pourrait être un rêve archétypal).

Cet exercice peut aussi vous aider dans la construction de votre dico d'interprétation perso (voir p. 60). Par exemple, à chaque fois que vous avez une grande décision à prendre dans votre vie, vous rêvez d'une voiture. Si, dans un prochain rêve, vous rêvez que la voiture ne démarre pas, cela pourrait indiquer que la décision à prendre n'est pas forcément bonne pour vous.

La position prise en dormant pourrait influencer notre manière de rêver... D'après la médecine chinoise ou grecque, mieux vaut éviter de dormir sur le côté droit, sous peine de comprimer excessivement notre foie (organe des songes) et de perturber notre sommeil.

4. J'interprète !

Il est temps de décoder la symbolique de ces couleurs, personnages, lieux que vous venez de consigner ! Consultez un dictionnaire des rêves, dans lequel vous pourrez trouver un maximum d'informations pour vous aider à l'interprétation.

Par exemple, vous rêvez que vous êtes dans une salle de classe, le maître d'école vous tend un cahier rouge et vous

demande de faire vos devoirs, ce dont vous n'avez aucune envie ! Intéressant, non ? À première vue, l'école, le cahier, la couleur rouge sont autant d'éléments qu'il vous faudra chercher séparément, mais analyser dans leur ensemble. De même, deux personnages semblent présents : un maître d'école et l'élève. Il se pourrait que chacun d'eux soit une partie de vous-même… Décidément, vous n'aviez pas envie de faire vos devoirs. Éprouvez-vous cette sensation à l'heure actuelle ? De quels devoirs s'agirait-il ? Que se passe-t-il dans votre vie, en ce moment même ? Devez-vous, par exemple, assumer certaines responsabilités, peut-être trop grandes pour vous ?

Je crée mon dictionnaire d'interprétation perso !

Certes, le dictionnaire des rêves est d'une grande aide. Il donne des « clés » universelles pour mieux comprendre ses rêves. Mais le meilleur dictionnaire reste encore le vôtre – écrit par vous et pour vous, car vous avez vous-même un univers symbolique personnel, nourri par les contes mais aussi par vos émotions et vos souvenirs ! Alors, n'hésitez plus et commencez dès à présent à noter le contenu de vos rêves, à faire des rapprochements ou des associations d'idées (« À quoi cela me fait-il penser ? », « Tel symbole apparaît à chaque fois que je suis en difficulté, il pourrait vouloir me mettre en garde »), bref, trouvez des « clés » de lecture qui vous sont personnelles pour construire, au fur et à mesure, votre propre dictionnaire des rêves !

Mon petit dictionnaire des rêves

Vous allez vous en rendre compte en lisant les pages suivantes : un rêve possède bien souvent plusieurs significations, parfois même contradictoires ! De même, le sens d'un rêve peut évoluer au cours du temps ou changer d'une personne à l'autre, en fonction de son histoire personnelle. Résultat : aucun rêve n'a une seule et unique signification. C'est à vous de l'interpréter au regard de votre situation. Mais, attention, si votre interprétation coïncide avec une attente, il se peut que vous fassiez fausse route… N'avez-vous pas un peu déformé la signification du rêve pour obtenir la réponse que vous souhaitiez ?

A comme Argent

C'est l'un des plus vieux rêves du monde… Déjà, au temps des pharaons, les Égyptiens rêvaient d'amour, gloire et beauté – à ceci près que la belle voiture était un char, la fonction présidentielle celle de roi, etc. Généralement, l'argent est symbole de prospérité. Il peut aussi être associé à l'amour ou la gestion de son temps : se voir refuser de l'argent, par exemple, peut indiquer un sentiment de rejet ; voir de l'argent ou le compter présage, au contraire, des gains, voire un mariage ; gaspiller de l'argent, perdre son temps (dans ce cas, une petite revue de vos priorités s'impose).

A comme Ascenseur

Si on vous dit « ascenseur », vous pensez à quoi ? En apesanteur ? (Comme le fameux clip de Calogero !) Bravo ! Vous n'êtes pas loin… Selon Freud, l'ascenseur est lié au plaisir, à l'excitation croissante ou décroissante (tout dépend sur quel bouton vous appuyez…). Plus largement, une partie de notre inconscient cherche à remonter à la surface ou, au contraire, à s'enfoncer dans les profondeurs de notre être. Enfin, pour les anciens, ce rêve prédisait un vieillissement précoce.

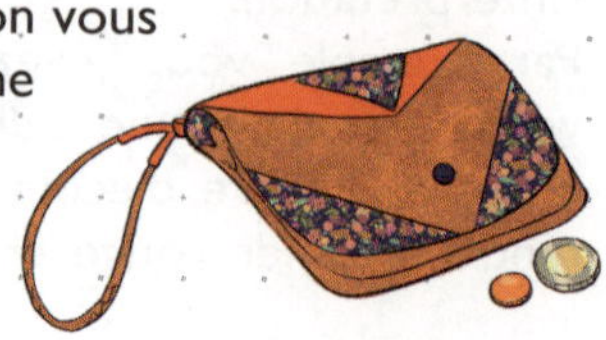

C comme Chat

Le chat a toujours fait partie de la culture populaire, tantôt créature magique (pour les Chinois, un chat bien traité protégera son maître dans l'au-delà) ou maléfique (en tant qu'assistant personnel des sorcières et autres démons !). Toujours est-il qu'aujourd'hui, rêver de chat est encore associé à la ruse et la tromperie. Résultat, un chat « gentil » est synonyme d'hypocrisie (y aurait-il une ou plusieurs personnes pas très sincères dans votre entourage ?) ; un chat qui dort annonce un succès ou une trêve ; enfin, vaincre un chat, le triomphe sur ses ennemis !

C comme Cheveux

Les peuples tribaux sont formels : nos cheveux sont chargés de « mana », autrement dit une force supérieure qui nous relie aux êtres et aux choses. C'est notre puissance personnelle, en quelque sorte. C'est l'une des raisons pour lesquelles certains moines se coupent les cheveux ou se rasent la tête : symboliquement, ils font don de leur personne. Même dans nos rêves, il est donc important d'être bien coiffée ! (Grrr) Cheveux emmêlés égal petits soucis, de même s'ils sont grisonnants. À l'inverse, avoir des cheveux blancs est signe de paix et tranquillité. Si vos cheveux sont plus longs que dans la réalité (Raiponce, sors de ce rêve !), ils vous promettent chance et succès. *Congrats !*

C comme Couleurs

On a souvent tendance à l'oublier en premier… Mais la (ou les) couleur(s) de notre rêve revêt(ent) une importance particulière. Allez, par ici quelques (brèves) explications : chaque couleur détient une signification à part entière. Il est donc important, lorsque vous les interprétez, de les considérer séparément. Exemple : le vert clair signifie l'espoir, la nature ; le vert foncé, l'obscurité ; le rouge, le sang, le feu, la colère (là encore, tout dépend de sa nuance…) ; le bleu, la spiritualité, la liberté ; le jaune, la joie (d'autant plus s'il est lumineux et éclatant !) ; le noir, le mystère, la mort ; l'orange, l'énergie, la vitalité…

D comme Dents

Perdre ses dents est l'un des rêves les plus fréquents. Ce sont les premières armes de l'homme. Résultat, les perdre équivaut à se sentir mal dans sa peau, frustrée ou dépassée par certains évènements. À l'inverse, vous l'aurez compris : des dents saines et blanches prédisent la santé et la réussite.

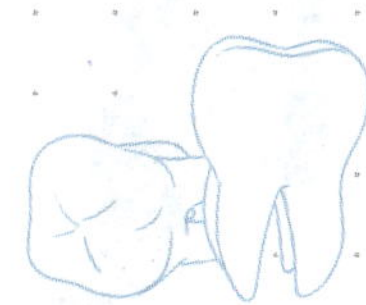

G comme Grimper

Qui n'a jamais rêvé de grimper aux arbres ? Eh bien, ça tombe bien. Rêver de « grimper » un arbre ou une colline, par exemple, renvoie à l'effort, la détermination et, pourquoi pas, la réussite de vos projets !

G comme Grossesse

Rêver de grossesse n'est pas forcément à prendre au pied de la lettre. Même les hommes peuvent rêver qu'ils sont « enceints » ! La question est plutôt de savoir de quoi vous voulez réellement « accoucher » : une idée, un projet qui vous tient à cœur depuis longtemps et que vous n'avez jamais pris le temps de réaliser, un vrai bébé… À vous de voir ! Dans tous les cas, ce rêve symbolise le renouveau.

L comme Labyrinthe

Ou comment avoir le chic pour faire des tours et des détours. Mais où est cette fichue sortie ? Le labyrinthe est « le » symbole par excellence de la transformation. En clair, il s'agit de se perdre pour mieux se retrouver. Rêver de labyrinthe n'est donc pas une mauvaise chose en soi. Ce rêve indique que vous vivez une période de transition : vous pouvez vous sentir perdue (trop de choix ? de doutes ?) ; auquel cas, qu'est-ce qui pourrait vous aider à avancer ? Vous pouvez aussi rêver d'en trouver l'issue et en sortir grandie ! Dans un cas comme dans l'autre, vous êtes sur le chemin de votre évolution intérieure.

M comme Mariage

Désolée, Mesdames, mais la signification de ce rêve est… inversée ! Eh oui, notre inconscient aime bien nous jouer des tours : dans les rêves, des noces annulées sont de bons présages, car le mariage est assimilé (pour celles qui se marient) à de petits ennuis : déceptions, prises de bec ou encore pertes financières !

M comme Mort

Rassurez-vous, vous n'allez pas mourir. La mort, dans l'univers du rêve, est un symbole heureux. Il marque la fin d'un cycle et le début d'un nouveau. C'est pourquoi il apparaît souvent aux futures mariées, par exemple. En règle générale, rêver que l'on meurt exprime le changement (plus ou moins radical), comme un mariage, un divorce, un accouchement, une guérison ou une maladie.

N comme Nudité

Qui ne s'est jamais retrouvée nue en public (dans un rêve, on vous rassure) ? Le cauchemar ! Le rêve de nudité est souvent associé à un sentiment de vulnérabilité, une perte de confiance en soi, ou encore le refus de s'adapter à une situation. Pourquoi ? Les vêtements représentent l'image que l'on veut donner de soi (en apparence ou un rôle à jouer, par exemple). Ils peuvent aussi être un moyen de se cacher… L'absence de vêtements nous met donc à nu, au sens propre comme au figuré. Enfin, d'un point de vue strictement médical, il se pourrait que ce type de rêve révèle un début de fièvre… Alors, prenez soin de vous !

S comme Serpent

Rien de plus ambivalent que le serpent ! D'un côté, c'est la tentation (rappelez-vous le serpent qui fit croquer la pomme à Adam et Ève). D'un autre côté, c'est l'énergie ! Dans la tradition yogique, il représente cette énergie vitale, aussi appelée la Kundalini. Celui-ci part du bas du dos (au niveau de la région du sacrum) et remonte le long de notre colonne vertébrale pour, progressivement, éveiller notre niveau de conscience. Des études ont démontré que le rêve d'un serpent indique bien souvent un conflit important entre le conscient et l'inconscient. D'ailleurs, rêver d'un serpent à plusieurs têtes signale qu'il est grand temps d'effectuer un choix.

T comme Tigre
L'image du tigre renvoie à celle d'un ennemi colérique et jaloux. Le blesser ou le tuer est donc synonyme de bon présage. À l'inverse, être attaquée ou blessée par un tigre révèle que vous ne maîtrisez pas votre colère. Rendez-vous p. 40 pour apprendre à la canaliser !

V comme Voler dans les airs
Voler au-dessus d'un paysage, par exemple, est un bon présage. Il renvoie au courage, à l'optimisme, à la mobilisation d'une nouvelle énergie (peut-être vous sentez-vous pousser des ailes ?). En même temps, et selon les interprétations, son sens diffère. Il peut aussi indiquer un désir de fuir la réalité.

SOS Rêves bobo
Les médecins chinois en sont persuadés depuis longtemps : le rêve est un moyen efficace pour prévenir certaines maladies ou dysfonctionnements. Par exemple, rêver d'un incendie est souvent synonyme d'inflammation. Dans la même idée, la maison représente le corps : le plafond signale une situation de stress ou une migraine gênante, la salle de bains correspond aux organes génitaux, la cuisine à l'alimentation et la cave aux parties les plus secrètes, comme les intestins. En fonction de ce qui s'y passe, votre rêve peut vouloir vous mettre en garde. Maintenant que vous êtes prévenue, pensez à surveiller votre état de santé aussi à l'aide de vos rêves !

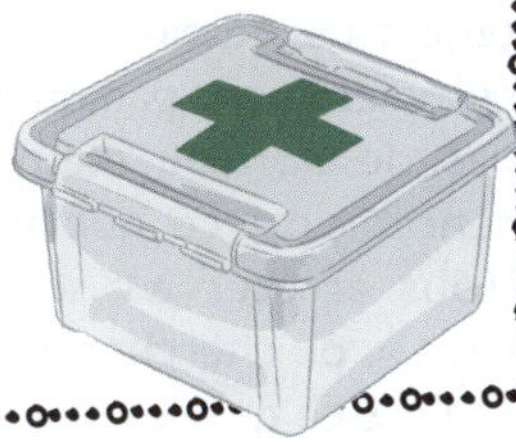

J'en fais bon usage !

Un rêve peut nous encourager à suivre une voie, tout comme nous en détourner... Dans tous les cas, n'en faites pas une bonne excuse pour ne rien faire !

Et si je fais un cauchemar ?

Il y a les beaux rêves et... les cauchemars ! Et comme si ça ne suffisait pas, c'est souvent ceux dont on se souvient le mieux. Alors, que faire en cas de cauchemar ? 2 techniques ont fait leurs preuves :

La respiration « bon vent ! »

Installez-vous confortablement et concentrez-vous sur votre souffle. Lorsque vous vous sentirez prête : remémorez-vous votre cauchemar et associez-lui plusieurs mots-clés (tout ce qu'il vous inspire ! Que ce soient des émotions, des images...). Une fois que c'est fait, prononcez mentalement ces mots sur l'expiration, autant de fois que vous le voudrez. Bravo ! Vous venez de chasser ce mauvais rêve de votre corps et de votre esprit !

La solution épouvantard-style

Remémorez-vous votre cauchemar et écrivez-le. Maintenant, modifiez son histoire ou inventez-lui une fin heureuse (du moins, plus agréable pour vous). Par exemple, vous tombez dans un trou sans fin ? OK, pas de problème ! Imaginez qu'une liane apparaît. Miracle ! Vous êtes sauvée. La chute peut aussi s'arrêter et vous faire atterrir dans un autre monde, un peu comme dans *Alice au Pays des Merveilles*… Bref, à vous d'inventer ! Lorsque c'est fait, répétez-vous ce nouveau scénario plusieurs fois de suite, au moins deux fois par jour et juste avant d'aller dormir, s'il s'agit d'un cauchemar récurrent. Répétez l'exercice jusqu'à ce que ce cauchemar disparaisse de vos nuits. Au-delà de ses bons résultats, cet exercice a le mérite de stimuler votre imagination !

Il n'existe pas de mauvais rêve !

Enfin, cela peut paraître surprenant (d'autant plus quand on s'est déjà réveillée complètement paniquée !), mais il n'existe pas de bon ou mauvais rêve. La différence, c'est ce que vous allez en faire ! Vous arrêter à : « J'ai fait un mauvais rêve », ou chercher à savoir : « Pourquoi ? Qu'est-ce qu'il voulait me dire ? », voire le transformer en quelque chose de positif (l'opportunité de vous confronter à vos peurs, par exemple).

> **Le saviez-vous ?**
> L'attrape-rêves est aussi un objet d'origine amérindienne. Confectionné traditionnellement à la main, il se compose d'un cercle en bois, de fils entremêlés, symbolisant une toile d'araignée pour emprisonner les cauchemars et laisser passer les rêves, et enfin, d'ornements : pierres précieuses, coquillages, perles, plumes… Si le cœur vous en dit, vous pouvez confectionner votre propre attrape-rêves, ou le dessiner (ça marche aussi), et l'accrocher au-dessus de votre lit. La légende raconte que les cauchemars s'autodétruisent aux premières lueurs du jour, d'où l'intérêt de placer votre attrape-rêves côté soleil : les rayons du soleil doivent pouvoir toucher sa toile.

Demandez de l'aide à vos rêves !

Si vous souhaitez que la nuit vous porte conseil et vous relie à votre intuition, eh bien, il suffit de le lui demander. Si, si, c'est possible et on vous explique même comment faire ! Tout réside dans la préparation. L'idée ? Prévoir un temps calme avant d'aller vous coucher pour demander ce que vous voulez (vous souvenir d'un détail en particulier, avoir une bonne idée sur tel ou tel sujet, trouver une solution, vous inspirer…). Plus votre demande sera précise, plus vous aurez de chance d'obtenir une réponse de la part de vos rêves.

Lets' go !

1. Mettez-vous au lit.
2. Formulez votre demande : « Je souhaite que mes rêves me guident pour… »
3. Ensuite, fermez les yeux. Respirez calmement et laissez venir à vous le sommeil.

4. Au réveil, mettez votre esprit analytique sur « on ». Quels sont les images, mots, sensations, qui se sont présentés à vous ? Parvenez-vous à trouver, parmi tous ces rêves, des éléments de réponse ? Si rien ne vous paraît « évident » à ce stade, ce n'est pas grave. Sachez que votre demande est partie, vous obtiendrez donc tôt ou tard des éléments de réponse.

Le petit conseil en +
Résumez votre demande en une phrase, par écrit, dans votre journal ou carnet, ou sur un bout de papier à glisser sous votre oreiller, par exemple… L'écrire vous permettra d'être plus claire, précise, et puis, ça devient tout de suite plus concret, non ? À vos rêves de jouer !

En mode witch ! Je teste mes talents de médium

De l'intuition à la médiumnité, il n'y a qu'un pas... L'une comme l'autre reposent sur la maîtrise (et l'acceptation) de nos 5 sens. À propos de médiumnité, on a toutes en tête l'image de Madame Irma, capable de prédire l'avenir, voir des fantômes, et pourquoi pas, entendre des voix… Tout cela peut nous paraître un peu… perché ! Et si l'on mettait tous ces préjugés de côté ? La médiumnité, c'est la capacité à percevoir des messages subtils. Ni plus ni moins. C'est une forme d'intuition, en fait ! Comment ça marche ? À l'aide de nos sens et éventuellement certains supports, comme les cartes, les runes, le pendule…

Différents types de médiums
La communication médiumnique étant essentiellement sensorielle, il existe différents types de médiums (comme de sens !).

- Le médium clairvoyant : il voit des images fixes ou qui défilent. Il peut aussi avoir des « flashs », un peu comme Phoebe Halliwell dans la série *Charmed*.
- Le médium clairaudient : il entend des voix (intérieures ou extérieures), des bruits…
- Le médium sensitif : il ressent les choses (ambiances, personnes). De même, il peut être submergé par des sensations, des émotions, autant de messages que des esprits voudraient lui faire passer, par exemple.
- Certains médiums peuvent aussi prêter leur voix ou leur plume à un défunt, pour délivrer un message par exemple. C'est ce qu'on appelle un médium « parlant » ou « écrivain » selon les cas.

Le principe : tout est énergie !

Le point commun entre le spirituel et le matériel, le monde visible et invisible ? L'énergie ! Eh oui, la découverte est récente (elle date des années 60) et peut encore en surprendre plus d'un : notre corps émet des ondes électromagnétiques. Certaines sont mesurables, comme les ondes cérébrales (les ondes alpha et thêta en tête lorsque l'on médite ou se détend, par exemple), d'autres sont plus subtiles mais tout aussi réelles ! Et constituent des champs énergétiques. Jusqu'à maintenant, vous avez appris à aiguiser vos sens et percevoir un

maximum d'informations grâce à eux. Désormais, on le sait, vous êtes prête à passer à l'étape supérieure, c'est-à-dire percevoir « au-delà » (de vos 5 sens), recevoir des messages plus subtils et ressentir les énergies environnantes !

Comment ça marche ?
L'énergie subtile circule dans notre corps – les Indiens parlent de chakras, les Chinois de méridiens, qui ne sont rien d'autre que des lignes énergétiques parcourant le corps humain –, puis s'évacue vers l'extérieur. Et vice versa. Résultat, nous sommes capables de percevoir l'énergie des autres personnes, animaux, végétaux, bref, de n'importe quel être vivant ! Réciproquement, nous pouvons leur envoyer notre énergie.

Je fais l'expérience de l'énergie avec le pendule !

Un des meilleurs moyens de se familiariser avec l'énergie est la radiesthésie. Loin d'être considéré comme une science, ce procédé permettrait de détecter, à l'aide d'un pendule ou d'une baguette de sourcier par exemple, les ondes ou vibrations émises par certains corps. En clair, le pendule se met à vibrer à proximité d'une source d'énergie. On essaie ?

Let's go !

1. Avant de commencer, il va vous falloir un pendule (certains utilisent simplement une bague passée sur une chaîne), mais, attention, pas n'importe quel pendule : *votre* pendule. C'est à vous de le choisir en suivant votre intuition (autrement dit, en choisissant celui qui vous parle, vous attire).
2. Une fois équipée, prenez l'habitude de le garder quelques minutes par jour dans votre main (jouez avec, quoi). L'idée, c'est de le recharger en énergie (votre énergie !). La connexion n'en sera que plus forte…
3. Maintenant, suspendez votre pendule entre le pouce et l'index et dites « oui » à voix haute. Observez ce qui se passe. Votre pendule a-t-il bougé ? Bingo ! Vous venez d'établir un « code » entre vous deux. Par exemple, si votre pendule a oscillé sur la droite, vous saurez que c'est par ce mouvement vers la droite qu'il exprime un « oui ». À défaut, ce sera « non ». D'ailleurs, vous pouvez renouveler l'expérience avec l'affirmation « non » pour vérifier.
4. Ensuite, les choses sérieuses commencent : posez-lui une question claire et précise (toujours une question à la fois, dont vous ne connaissez pas la réponse, et à laquelle il est possible de répondre par oui ou par non). Aidez-vous de la méthode p. 32-33.

5. Le mouvement du pendule vous donnera la réponse (il aura oscillé à droite pour « oui », à gauche pour « non » en reprenant l'exemple précédent) !

Sachez, toutefois, que votre état d'esprit peut influencer votre pendule. Il est donc important d'être relax et sans attente particulière (du style : « Il faut absolument que la réponse à ma question soit "oui" » !) pour laisser votre pendule vous guider au mieux. Bravo, vous avez fait vos premiers pas de médium !

Mon aura et moi
L'aura désigne le champ énergétique qui entourerait le corps humain. Une sorte de halo lumineux qui comporterait plusieurs couleurs, chacune correspondant à une fréquence bien particulière… Rien n'a été prouvé scientifiquement à ce stade. Pour autant, on peut s'en inspirer pour en tirer une belle méthode de développement personnel : prenez soin de votre aura (que l'on peut imaginer comme un bouclier magique !) en prenant soin de vous, en vous entourant de belles personnes et, surtout, en évitant les personnes toxiques !

Je perçois l'énergie des autres !

On l'a vu, il est possible de percevoir l'énergie des autres. Cela peut paraître surprenant (parce que non visible, ou « tangible » au sens strict du terme), et pourtant ! Envie d'essayer ? Installez-vous confortablement dans un endroit calme, où vous pourrez facilement croiser d'autres personnes. Fermez les yeux et respirez profondément. C'est un bon moyen de vous recentrer sur vous-même pour accueillir vos futurs ressentis. Une fois que vous vous sentirez prête, ouvrez les yeux et choisissez quelqu'un au hasard. Laissez faire vos perceptions. Que ressentez-vous : joie, nœud dans l'estomac…? De même, des images ou des sons peuvent vous apparaître à l'esprit. Quels sont-ils ? Si vous le souhaitez, vous pouvez les noter dans un cahier (votre fameux carnet d'intuition !). Bravo ! Vous venez d'expérimenter la perception d'énergies subtiles.

Le petit conseil en +

Vous pouvez aussi réaliser cette expérience en visualisant une personne que vous connaissez bien. Dans ce cas, essayez de vous connecter, par la pensée, à la personne de votre choix, et laissez faire. Acceptez chaque perception : son, image, émotion, ressenti… Contactez cette personne à l'issue de l'exercice pour prendre de ses nouvelles et… comparer vos perceptions à sa situation ! Par exemple, si vous avez perçu un malaise, peut-être que cette même personne vous apprendra, au détour de la conversation, qu'elle a passé une mauvaise journée… Bref, comparez et mesurez vos progrès !

Je booste mon intuition en harmonisant mon chakra du troisième œil

Le sixième chakra – autrement appelé chakra du troisième œil ou Ajna – symbolise la porte de notre intuition. Grâce à lui, nous pouvons voir « au-delà » de la réalité et accéder à une meilleure compréhension du monde. Souvent représenté par un point rouge au milieu du front chez les Hindous (le bindi), le troisième œil se situe au milieu du front, légèrement au-dessus des sourcils. Vous ne le visualisez pas ? Pas de panique ! Nous sommes là pour vous aider.

Hello troisième œil !

Joignez vos deux index à hauteur des yeux (essayez de les aligner devant l'arête de votre nez) et approchez-les de votre front, le plus lentement possible. Inévitablement, vous allez vous mettre à loucher. Enfin, fermez les yeux tout en continuant à approcher vos index. Vous allez finir par toucher, du bout des doigts, un endroit sur votre front, et c'est justement là que se situe votre troisième œil ! Bravo, vous l'avez trouvé !

Comment le stimuler ?

Chaque chakra peut être stimulé pour vivre de manière plus harmonieuse. Maintenant que vous avez trouvé votre troisième œil, apprenez à le stimuler à l'aide de différentes techniques : couleur, huiles essentielles, pierre…

Couleur : bleu indigo. Alors, n'hésitez pas à inviter cette couleur dans votre vie !

Huiles essentielles : lavande, sauge sclarée, menthe poivrée. Diffusez-en régulièrement chez vous ou déposez-en une goutte au creux de vos poignets, à respirer.

Les huiles essentielles sont allergisantes et peuvent être toxiques. Elles sont contre-indiquées pour les enfants de moins de 12 ans, les femmes enceintes, allaitantes, les personnes épileptiques, hypertendues, sous médicament. Il est recommandé de demander l'avis d'un professionnel de santé avant toute utilisation.

Pierres (forcément bleues !) : sodalite, lapis-lazuli, saphir. Dans l'Égypte ancienne, le lapis-lazuli était considéré comme une pierre sacrée – symbole d'Isis, déesse de la Vérité, qui le portait sous forme d'oudjat, « l'œil qui voit tout ». Quant au saphir, sorcières et ecclésiastiques s'accordaient à dire, au temps du Moyen Âge cette fois, qu'il conférait le don de prophétie… Intéressant, non ? À porter sur vous ou à garder à proximité. Vous pouvez la prendre dans vos mains pendant une séance de méditation, par exemple, ou la déposer sur l'autel que vous aurez réalisé (p. 69-71).

Son : le son « AUM » (prononcez « OOOOOOooooooommmmmmm » sur toute la durée d'une expiration) le fait particulièrement vibrer. Prononcez-le régulièrement (chaque jour par exemple).

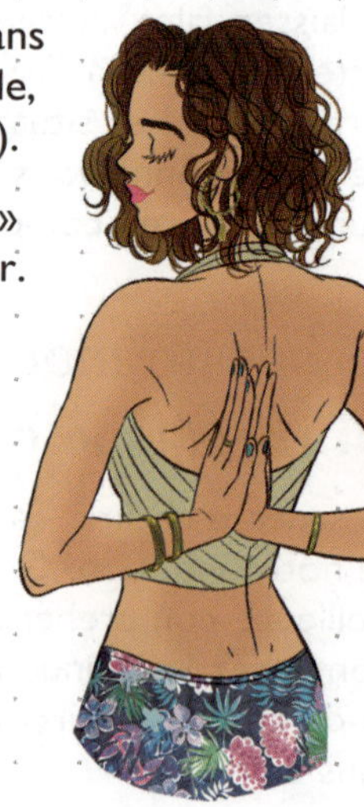

Toutes un peu médiums

Vous l'aurez compris, la médiumnité n'est pas plus un don que l'intuition. Nous sommes toutes un peu médiums, à différents degrés. Cela dépend de notre histoire, de notre sensibilité et… de nos vies antérieures, dit-on ! En attendant, vous pouvez créer votre élixir de médiumnité pour développer vos capacités. En mode witch !

Mon élixir de médiumnité

Les bienfaits ou vertus des plantes ne sont plus à prouver... 100 % naturelles, certaines d'entre elles sont utilisées depuis des millénaires pour leurs propriétés quasi « magiques » : pouvoir de guérison, amélioration du bien-être... Maintenant, on vous voit venir : vous vous demandez s'il existe une ou plusieurs plantes capables de développer votre médiumnité. Eh bien, la réponse est : oui ! Notamment le jasmin, qui contribue à apaiser l'esprit, calmer le mental et favoriser la perception de messages plus subtils. Alors, prête à vous ouvrir à la magie du jasmin ?

Matériel et ingrédients :

- Entonnoir
- Filtre à café ou en papier
- 1 récipient transparent (bol ou saladier, par exemple)
- 2 flacons compte-gouttes de 30 ml
- 45 ml de cognac (ou n'importe quel autre alcool à 40 degrés minimum)
- Eau de source des montages
- Fleurs et tiges de jasmin (de préférence, fraîchement coupées).

Étape n° 1 : Cueillette et préparation

Allez cueillir vos plus belles fleurs de jasmin (blanches en été, jaunes en hiver). Disposez-les dans un récipient rempli d'eau de source et exposez-le environ 4 heures au soleil.

Étape n° 2 : L'alchimie de la teinture-mère

Commencez par filtrer l'eau de source au jasmin (pour ne récupérer que l'eau !). Prenez l'un de vos 2 flacons, versez 15 ml de cognac dedans, puis remplissez-le en totalité avec l'eau filtrée. Enfin, secouez-le bien. C'est ce qu'on appelle la teinture-mère (un mélange d'alcool et d'eau chargée en principes actifs de ladite plante). Elle peut être conservée jusqu'à 5 ans maximum, à l'abri de la chaleur et de la lumière.

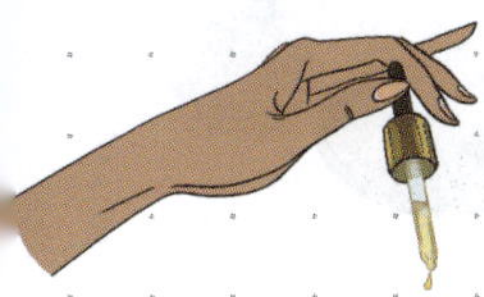

Étape n° 3 : Mon élixir

Prenez le second flacon. Versez-y 30 ml de cognac, puis ajoutez 6 gouttes de teinture-mère (réalisée précédemment). Secouez de nouveau le flacon, et c'est fini ! Vous pouvez utiliser votre élixir à raison de 3-4 gouttes, à diluer dans un peu d'eau.

Je crée mon autel divinatoire pour me connecter à mon intériorité

Un incontournable dans la pratique des arts divinatoires : l'autel ! Pourquoi ? Pour se reconnecter à son intériorité. Comment ? En se créant un espace à soi (et rien qu'à soi !), décoré d'objets qui vous sont chers, dans lequel vous aurez plaisir à passer un moment pour vous (re)connecter à votre intuition.

Je trouve mon petit endroit à moi

Commencez par choisir un emplacement qui vous permettra de laisser l'autel en place sans devoir le remballer à tout bout de champ. Cet endroit ne doit pas être non plus un coin où vous n'allez jamais, que vous finirez par oublier et qui prendra la poussière. Une étagère, un petit coffre dans votre chambre peuvent être de bonnes options… C'est fait ? Parfait !

Je dispose dessus mes objets sacrés

Maintenant, décorez-le avec des objets que vous aimez (et qui vous inspirent) : de jolies bougies, de l'encens, des fleurs, des plumes, des coquillages, une photo, un souvenir ou un bijou de famille… en veillant à représenter les 4 éléments :

- **La Terre** renvoie à la stabilité (ne dit-on pas « avoir les pieds sur terre » ?). Elle peut prendre la forme du sable, d'un caillou ou d'une fleur, par exemple.
- **L'Air** est associé à la liberté. Vous pouvez le matérialiser à l'aide d'une plume ou d'encens, par exemple.

L'encens pour purifier l'énergie

L'encens – en brûlant – a la particularité de purifier l'énergie (notamment dans la tradition amérindienne) tout en apportant une forme de sérénité :

- L'encens oliban, le bois de santal et de cèdre à brûler seront parfaits pour méditer.
- Vous pouvez utiliser la sauge ou la myrrhe pour purifier votre intérieur (rappelez-vous : plus l'énergie circule, plus vous serez susceptible de vous sentir reliée : visible, invisible, matériel, spirituel… au Tout, quoi !).
- Enfin, sachez que le bois de santal (aussi appelé bois sacré) incite à la spiritualité.

Dans tous les cas, pour votre santé, évitez les encens chimiques !

- **Le Feu** est synonyme de vitalité, d'action (et même de passion !). La bougie est un bon moyen de le représenter (ou une jolie lampe, si vous préférez).
- Enfin, **l'Eau** incarne la purification. Sur votre autel, vous pouvez déposer un petit bol d'eau ou un coquillage pour le clin d'œil.

En reliant tous ces éléments entre eux, vous ouvrez un espace sacré, dans lequel chaque chose a sa place et fait partie d'un tout cohérent et harmonieux.

Comment j'utilise mon autel ?

Quels que soient les objets que vous allez choisir, ce qui importe, c'est ce qu'ils représentent pour vous. Pour cela, n'hésitez pas à suivre votre intuition. Parfois vous aurez envie de placer tel ou tel objet, d'en changer, ou simplement d'exprimer votre gratitude, en déposant un joli bouquet de fleurs par exemple. Allez-y, faites-le ! Parce qu'un autel « réussi », c'est avant tout un autel qui vous parle. C'est un signal fort que vous décidez d'envoyer à l'univers pour vous guider sur la voie de votre médiumnité.

Enfin, asseyez-vous régulièrement devant votre autel (sans but précis ou, au contraire, pour poser une intention, percevoir les messages de l'univers, ou tout simplement méditer). Allumez la bougie, purifiez l'air – à l'aide de la fumée de la sauge ou du bois sacré, par exemple –, changez l'eau, effleurez les objets et, surtout, n'oubliez pas : c'est l'attention, l'amour et le respect que vous porterez à votre autel qui feront toute la différence !

Je pratique la divination avec les runes

Il existe de nombreux arts divinatoires, dont les runes font partie. Même si elles sont aujourd'hui tendance, elles ont très tôt servi d'oracle… Les runes sont le plus ancien alphabet utilisé par certaines langues germaniques. On lui attribuait aussi des pouvoirs magiques. D'ailleurs, le mot « rune » signifie « secret, signe magique ». Chaque rune est donc une lettre (24 au total), elle-même associée à un mot, pour mieux la mémoriser. Par exemple, la lettre « f » correspond au mot « fehu » qui veut dire « bétail », c'est pourquoi elle est un indicateur de richesse et de prospérité. Aujourd'hui, les runes se présentent sous la forme de 24 pierres marquées d'un symbole (une lettre de l'alphabet ancien) auxquelles vous pouvez poser vos questions en effectuant des tirages.

Où trouver des runes ?

Vous pouvez les acheter ou… les fabriquer vous-même ! Avec de la terre cuite, du bois ou de la pierre (des galets, par exemple). Auquel cas, procurez-vous de l'argile et modelez chaque pièce entre vos doigts (25 au total, l'une d'elles ne présente aucune lettre : c'est la rune blanche), ou coupez l'équivalent de petits « disques » dans un morceau de bois (à qui vous aurez préalablement demandé l'autorisation). Enfin, si vous optez pour de la pierre, récoltez 25 galets (pas trop fragiles – si vous décidez de graver chaque symbole dessus –, ni trop durs), de préférence de taille et de forme identiques. Ça y est, vous y êtes ? Bravo ! Passons à l'étape suivante : graver vos runes ! Munissez-vous de l'alphabet, concentrez-vous sur chaque symbole et sa signification, avant de vous lancer dans son inscription sur le support que vous aurez choisi. Inscrivez-les à l'aide d'un feutre ou de peinture, par exemple. Prenez votre temps, c'est un vrai rituel qui permettra de « charger » vos runes en énergie (la vôtre !). Donc, privilégiez un moment où vous ne serez pas dérangée ou préoccupée par des petits soucis du quotidien (*good vibes only !*).

ᚠ	FEHU	ᚺ	HAGALAZ	ᛏ	TIWAZ
ᚢ	URUZ	ᚾ	NAUTHIZ	ᛒ	BERKANO
ᚦ	THURISAZ	ᛁ	ISA	ᛖ	EHWAZ
ᚨ	ANSUZ	ᛃ	JERA	ᛗ	MANNAZ
ᚱ	RAIDHO	ᛇ	EIHWAZ	ᛚ	LAGUZ
ᚲ	KENAZ	ᛈ	PERTHRO	ᛜ	INGWAZ
ᚷ	GEBO	ᛉ	ALGIZ	ᛞ	DAGAZ
ᚹ	WUNJO	ᛊ	SOWILO	ᛟ	OTHALAZ

Je tire une seule rune pour obtenir une réponse concise

1. Posez-vous une question dans votre tête (comme d'habitude, énoncez-la clairement et de manière positive. Par exemple : « Mon nouveau projet sera-t-il une réussite ? »), tout en brassant les pierres à l'intérieur du sac.
2. Puis tirez une rune : prenez-en une au hasard dans le sac. La runologue Sonja Muller affirme que « la bonne rune se faufilera jusqu'à vos doigts ».
3. Placez ensuite la rune en question devant vous, telle que vous l'avez prise. En effet, la signification n'est pas la même pour un signe la tête à l'envers ou à l'endroit.
4. Reportez-vous enfin à la signification de ce signe et interprétez-la au regard de votre situation.

Pssst… !
La médiumnité, c'est aussi accepter… la non-réponse ! Eh oui, il n'y a pas toujours de réponse. Votre pendule peut rester silencieux à vos interrogations, tout comme les runes, ou votre faculté à percevoir tel ou tel message (bizarrement, vous ne percevez « rien »). Ne remettez pas en question, pour autant, vos capacités médiumniques. Il se peut que vous deviez en passer par là… Un nouveau défi à relever sur votre chemin de vie !

Je fais un tirage de 3 runes – passé, présent, futur – pour faire le point

Tirez 3 runes et disposez-les dans l'ordre du tirage, de gauche à droite. Celle de gauche symbolise le passé, celle du milieu le présent, et celle de droite le futur. Par exemple, si vous vous posez la question d'un éventuel déménagement et piochez « isa » pour le présent, ce qui symbolise le calme et la tranquillité, le besoin de se recentrer, peut-être pouvez-vous envisager de rester encore un peu là où vous êtes…
Les runes vous aideront à mettre de l'ordre dans vos pensées et vous offriront un soutien.

CHAPITRE 4

JE FAIS PLACE À L'INTUITION DANS MA VIE !

Avoir de l'intuition, c'est bien, et ça donne envie d'en avoir plein, dans tous les domaines de sa vie ! Que ce soit pour relever un défi, atteindre un objectif ou concrétiser un projet, par exemple. Vous voyez où l'on veut en venir ? Eh oui, l'intuition met des étoiles dans la vie et vous guide pour réaliser vos rêves !

J'avance dans ma vie grâce à l'intuition

Envie de mettre plus de bonheur dans votre vie ? C'est par ici ! On vous propose d'écouter votre intuition et, surtout, la suivre ! Vous savez cette fameuse petite voix qui vous souffle à l'oreille : « Mène tel projet », « Sors de cette relation », ou encore « Vis dans l'instant présent » !

J'identifie mes besoins et mes envies profondes

Qu'est-ce que vous aimeriez vraiment ? Qu'est-ce qui sommeille en vous, et vous ferait vibrer ? Au-delà de toute contrainte d'argent, de temps… Il ne s'agit pas ici d'identifier une envie passagère, mais bien un désir profond, ancré en vous. Dans ce cas, l'intuition vous aidera à le réaliser. Vous avez déjà une petite idée (une intuition ?) sur le sujet ? Notez-la tout de suite, maintenant :

....

Sinon, pour vous aider, vous trouverez ci-dessous une liste (non exhaustive) de domaines dans lesquels vous pourriez avoir besoin de suivre votre intuition :

- ☐ Ma vie amoureuse (par exemple, vous recherchez votre âme sœur ou bien vous avez besoin d'une relation plus épanouissante) : ....

- ☐ Ma vie familiale : ....

☐ Ma vie pro (changer de job ou saisir une opportunité, par exemple) : ....

....

☐ Mon environnement de travail ou ma maison (comme changer de logement) : ....

....

☐ Mes amis : ....

☐ Ma santé : ....

☐ Mes loisirs : ....

☐ Ma vie spirituelle (par exemple, développer vos dons de sorcière) : ....

....

☐ Ma vie en général : ....

Je me fixe un objectif

Maintenant que vous avez mis au clair vos besoins et vos envies profondes (pour lesquels vous auriez besoin d'un coup de main de votre intuition !), sélectionnez-en 2, 3 max. Sinon, vous risquez de vous éparpiller… C'est fait ? Parfait !

1. ....

2. ....

3. ....

En route vers mon objectif !

Désormais, vous savez ce que vous voulez (et c'est super !). Peut-être le saviez-vous déjà. Auquel cas, vous ne partez pas du même point. Sur l'échelle ci-dessous, indiquez votre point de départ par rapport à l'objectif :

0	1	2	3	4
☐	☐	☐	☐	☐

0- Je suis sur le départ
1- Je fais mes premiers pas
2- Je suis en chemin
3- Je touche au but
4- Je suis arrivée ! (Bravo !)

Quel que soit l'endroit où vous vous trouvez, vous pouvez compter sur votre intuition pour vous guider. Mais, pour cela, il va falloir un peu l'aider, en lui rappelant régulièrement votre objectif. Eh oui, l'intuition, tout comme la chance, aime les personnes un peu « obsessionnelles », autrement dit celles qui emportent partout avec elles leurs projets ou leurs rêves…

Comment faire en sorte que mon intuition m'aide à remplir mon objectif ?

Alors, là, chacun sa technique. À vous de trouver la vôtre ! On est sympa, on vous en dévoile quelques-unes à tester sur vous :

- Des techniques de relaxation ou de visualisation pour vous programmer à atteindre votre objectif. Rendez-vous p. **43-45** (demandez à votre guide intérieur des conseils pour atteindre votre objectif : « Suis-je sur la bonne voie ? » « Quelle direction prendre ? » « Que faire maintenant ? ») pour tester la visualisation !
- Tenir un journal de bord, ou carnet d'objectifs, en précisant chacune de vos avancées (et attirer les prochaines grâce à la loi de l'attraction !).
- En parler, communiquer autour de vous, vous pourriez avoir de belles surprises : obtenir des informations que vous ne cherchiez pas forcément (la sérendipité est de retour !), rencontrer la personne qui vous fera confiance…
- De même, cherchez à développer vos connaissances ou compétences s'il s'agit, par exemple, de créer une entreprise ou de changer de voie.

Recherche appartement ou maison

Recherche appartement… désespérément. La plupart du temps, on établit une liste de critères (une ribambelle pour certaines) et on part à la quête du Graal – l'appartement qui répondra à tous ces critères, sans exception. Sachant qu'ils sont assez souvent incompatibles entre eux (sinon, ce ne serait pas drôle !), du genre : spacieux mais pas trop cher, ancien mais sans travaux, calme mais situé à proximité des commerces, transports, crèche… Résultat, vous enchaînez les visites. Certains appartements ont bien quelques atouts, mais comment savoir si c'est vraiment celui qui vous correspond ? Aïe, aïe, aïe, c'est un gros achat… Et si on faisait appel à l'intuition pour vous aider ? SOS intuition !

Ma technique de James Bond Girl

La technique que vous allez expérimenter est tout droit tirée des services secrets ! De la recherche d'un lieu mystère (votre futur appartement par exemple) à celle d'indices pour résoudre un meurtre ou toute autre enquête criminelle, il n'y a qu'un pas. Ce sont les États-Unis, les premiers, qui ont officialisé l'emploi de personnes intuitives pour collaborer avec les forces de police ou les services de renseignement. Mettez-vous dans la peau d'une enquêtrice capable de résoudre n'importe quelle affaire à l'aide de son intuition et, telle une intuitive-profileuse, dressez le portrait-robot de votre appartement grâce à plein de petits indices intuitifs !

Comment faire ?

Cet exercice consiste à percevoir – et non imaginer – le lieu dans lequel vous vivrez dans plusieurs mois ou dans 1 an par exemple (à vous de préciser l'échéance). En clair, votre intuition va vous guider, à l'aide de petits signes, vers votre futur lieu d'habitation que nous allons considérer comme un lieu mystère.

> Dans les années 70, et ce, sur une durée de 20 ans, le gouvernement américain a mis au point un programme, connu aujourd'hui sous le nom de « Star Gate », qui visait à étudier l'intuition dans le champ du renseignement et de l'espionnage. Depuis, d'autres programmes ont vu le jour, mais nous n'aurons connaissance de leurs résultats que dans plusieurs années… lorsqu'ils ne seront plus classés « secret Défense » !

Étape n° 1 : J'écarte mes désirs, gênes et a priori

Par conséquent, et au préalable, il est important de bien comprendre quels sont vos souhaits, vos désirs, vos émotions (comme un sentiment d'excitation ou de peur), pour les mettre de côté et ne pas les confondre avec votre intuition.

En pratique, installez-vous confortablement dans un lieu où vous ne serez pas dérangée. Prévoyez une feuille de papier. Séparez-la en trois colonnes. Sur la colonne de gauche (mes gênes et mes a priori), écrivez tout ce qui vous gêne et pourrait entraver votre recherche intuitive. Exemple : pour commencer, êtes-vous bien installée pour cet exercice ? Si ce n'est pas le cas, comment pourriez-vous arranger ça ? De même, avez-vous des idées préconçues sur votre futur logement (comme le désir de vivre dans tel type d'appartement ou de maison – généralement, avec tous les critères qui vont avec –, faire le choix de tel quartier, ou encore l'envie de réhabiliter un lieu présent dans votre mémoire) ? Si oui, lesquelles ? Faites la liste de vos idéaux (par exemple, demandez-vous : « Quel serait mon lieu d'habitation idéal ? », « Où serait-il idéalement situé ? », etc.).

Mes désirs, gênes et a priori

....

....

....

....

....

....

....

....

....

....

....

La liste est faite ? Parfait, mettez de côté tout ce qu'elle contient : il s'agit de faux-amis, de désirs, non d'informations intuitives.

Étape n° 2 : Je pose une intention

Maintenant que vous avez balayé les gênes et les a priori, posez votre intention sur ce lieu, et interrogez-vous sur le « comment ». Par exemple, « Comment est le lieu d'habitation où je vis dans un an ? ». C'est une question claire, factuelle, à l'inverse de : « Comment est le meilleur lieu de vie pour moi ? » qui implique déjà de définir ce que « meilleur » veut dire pour vous…

....

....

Étape n° 3 : J'utilise mes 5 sens

Ça y est, vous y êtes ! Vous allez dès maintenant explorer et décrire votre lieu mystère. Comment sont les formes, les couleurs, la luminosité ? Entendez-vous des bruits ? Comment sont-ils ? Ressentez-vous une ambiance particulière ? Comment est-elle ? Y a-t-il des odeurs ? Comment sont-elles ? De même, peut-être percevez-vous des textures… Décrivez-les, exprimez tout et notez-le dans la colonne du milieu (mes perceptions intuitives). Vous devez chercher des sensations, des perceptions, pas des images précises qui viendraient de votre imagination.

Par exemple :

MES GÊNES ET MES A PRIORI	MES PERCEPTIONS INTUITIVES	MES (ÉVENTUELLES) INTERPRÉTATIONS
◦ Je suis mal assise. ◦ Mon logement idéal serait… un loft en plein cœur de Paris ! ◦ J'ai peur de déménager (ou je suis tout excitée !). ◦ …	◦ Vert, odeur boisée ◦ Forme rectangulaire ◦ …	◦ Parc à proximité ◦ Immeuble avec ascenseur ◦ …

Le petit conseil en +

1. Faites le tri

Si des idées toutes faites ou des concepts vous apparaissent alors que vous êtes en train de questionner vos sens, notez-les dans la colonne de droite (mes interprétations). Il se pourrait que ce soit plutôt un besoin de trouver une explication… Par exemple, vous percevez une forme rectangulaire qui se transforme en… un immeuble de 7 étages ! Un peu trop précis, non ?

2. Croquez

N'hésitez pas à vous déplacer à l'intérieur du lieu mystère et… dessinez ! Eh oui, le croquis, outre le fait qu'il détend, permet de mieux se représenter les formes, les volumes… Léonard de Vinci, lui-même, pratiquait le croquis intuitif. Il laissait sa main vagabonder sur le papier. Résultat, plusieurs de ses inventions seraient issues de ces mêmes gribouillages !

3. Pour aller plus loin…

Positionnez-vous à l'extérieur du lieu mystère et requestionnez-vous : Comment est ce lieu vu de face ? de côté ? Quelle est l'ambiance sonore ? Comment est l'activité à proximité, ou carrément celle du quartier ? Vous pouvez même vous amuser à prendre de la hauteur : « Comment est-ce, vu de dessus ? »

Étape n° 4 : Je fais la synthèse

Vous avez tout noté ? C'est terminé ? Bravo ! Il est temps de revenir à vous, de relire vos notes et en faire une petite synthèse. Ces informations vous seront utiles dans le cadre de vos futures démarches. Ils sont autant d'indices décrivant votre futur logement, que vous pourrez reconnaître grâce à eux. En avant les visites !

Intuition, ma belle intuition, dis-moi quel job me correspond !

La technique que vous venez d'expérimenter est complètement transposable à d'autres thématiques, comme l'identification de votre futur job. Pour y répondre, vous pouvez vous poser la question suivante : « Comment est l'activité professionnelle (ou extraprofessionnelle, si vous cherchez une idée de loisir, par exemple) qui est pertinente pour moi aujourd'hui ? »

Intuition, ma belle intuition, dis-moi s'il m'aime un peu, beaucoup… pas du tout !

Imaginez : vous venez de rencontrer quelqu'un (félicitations !). Résultat, vous êtes hyper emballée. Oui, mais voilà, vous ne savez pas si vous lui plaisez, ni si c'est la personne vraiment faite pour vous… Et si on demandait à votre intuition pour le savoir ?

SOS intuition, comment savoir si je lui plais ?

Ce que vous appelez de tous vos souhaits, c'est de « savoir » si vous allez vous entendre avec telle ou telle personne ou, au contraire, pas du tout. Eh bien, bonne nouvelle, c'est possible ! Grâce à votre intuition. Comment ? Figurez-vous que l'intuition, ce sixième sens qui perçoit plein d'infos à votre insu, est « branchée » sur le langage corporel…

Le langage corporel, qu'est-ce que c'est ?

Ce sont toutes ces petites mimiques – ces gestes, regards, rictus… – qui apparaissent alors que vous êtes en pleine conversation avec quelqu'un et qui trahissent un refus alors que, pourtant, on l'aurait juré, vous venez de dire « oui ». En bref, c'est le langage du corps qui échappe à notre contrôle et révèle tout ce que nous pensons. Résultat, on n'a plus qu'à brancher notre intuition sur ce canal pour obtenir des réponses !

D'après une étude menée par le professeur Albert Mehrabian dans les années 70, on entend souvent parler de la règle « 7-38-55 ». Notre message serait transmis à hauteur de 7 % par le choix des mots (communication verbale), 38 % par notre intonation (communication vocale) et 55 % par le langage corporel, soit un total de 93 % pour la communication non verbale ! Ces résultats semblent placer le langage corporel en pole position… Pour autant, ils sont à prendre avec quelques pincettes, sous peine de privilégier votre posture au détriment de votre message (au revoir authenticité…), ou de juger trop sévèrement notre interlocuteur !

Signes d'ouverture et de fermeture

Globalement, le corps exprime l'ouverture ou la fermeture à l'aide de petits signes, parfois infimes, qui nous font, la plupart du temps, arriver à une conclusion intuitive, du genre : « Il n'a pas l'air à l'aise », « Je ne l'intéresse pas »... Très souvent, les signes d'ouverture s'apparentent à des gestes larges et amples, un sourire franc, la tête légèrement penchée sur le côté, bref, un peu tout ce que vous faites lorsque vous êtes à l'aise avec quelqu'un. À l'inverse, les signes de fermeture correspondent aux éternels bras croisés (un peu cliché, mais il y a du vrai...), aux mouvements de recul (s'enfoncer dans son siège, par exemple), une voix anormalement aiguë ou un flux de paroles en continu, si bien que l'on en vient à se demander comment fait l'autre pour respirer...
Voilà quelques pistes, mais là encore, il est important de bien tenir compte du contexte !

Les signes que je lui plais ?

Que votre intuition perçoit-elle ? Apprenez à repérer les signes (collectés, à votre insu, par votre intuition) pour vous donner une petite idée !

1. Cherchez son regard. S'il (elle) passe son temps à vous regarder, c'est plutôt bon signe.
2. Si vous lui plaisez, il (elle) va vouloir se rapprocher de vous... Physiquement et émotionnellement. On vous l'accorde, certaines personnes sont très tactiles avec tout le monde, donc ce n'est pas forcément le meilleur indice pour vous mettre sur la voie... Néanmoins, cherche-t-il (elle) votre compagnie ? Est-ce qu'il lui arrive de « provoquer » les choses pour vous voir ? Il est à noter que prendre des initiatives peut s'avérer plus ou moins compliqué pour les grands timides (n'y voyez pas tout de suite un signe de désintérêt !).
3. Enfin, pose-t-il (elle) des questions sur ce que vous faites ? ce que vous aimez ? En clair, s'intéresse-t-il (elle) à vous ? Si tel est le cas, foncez (et n'oubliez pas de suivre votre intuition) !

Mon détecteur de mensonges

Si vous doutez de sa sincérité, on vous donne 2, 3 trucs de Paul Ekman, un psychologue américain, capable de détecter le moindre petit mensonge... (C'est lui qui a inspiré la série télé *Lie to Me* !)

- ☐ Il vous regarde droit dans les yeux ?
- ☐ Son attitude semble comme figée ?
- ☐ Ses expressions faciales sont anormalement marquées ? *(The Mask !)*
- ☐ Il répète en boucle les mêmes mots, les mêmes phrases ?
- ☐ Ses réponses sont courtes et peu détaillées ?

Il se pourrait que vous soyez en face d'un menteur, ou d'un manipulateur ! Vous pouvez observer son langage corporel lorsqu'il ne ment pas (pour cela, posez-lui des questions dont vous connaissez les réponses) et comparez-le avec celui qu'il adopte dans les situations que vous jugez suspectes. Son langage corporel est différent ? Si oui, cela signifie qu'il ment bien, et vous connaissez désormais les signes qui le trahissent !

Touchée-coulée

Plusieurs études ont démontré que si vous êtes touchée (physiquement comme émotionnellement) lors d'un échange, votre impartialité, elle, sera… coulée ! Résultat, vous serez certainement plus avenante envers cette personne. Exemple : imaginez qu'un serveur qui a le sens du contact (et des affaires !) vous confirme que, vraiment, vous avez fait le bon choix (en choisissant le plat du jour, par exemple) et vous congratule en vous touchant le bras ou l'épaule. Eh bien, vous avez plus de chances de lui laisser un pourboire ! Dingue, non ? Tout ça pour dire que vous parviendrez plus difficilement à évaluer la sincérité de votre crush s'il parvient à vous toucher !

Chapitre 5

Mes rituels pour booster mon intuition toute l'année !

À chaque saison… son intuition ! Eh oui, l'intuition suit le rythme des saisons car chacune détient sa propre énergie. Résultat, votre intuition ne sera pas la même au printemps, en hiver, en été ou à l'automne. Ça tombe bien, on vous donne des rituels adaptés à chaque saison pour booster votre intuition !

Au printemps, je fais un bain d'intuition !

Au printemps, la nature s'éveille, les oiseaux chantent et les premiers bourgeons (ou jolies fleurs) s'épanouissent. Exactement comme l'intuition. Elle regorge de messages en veux-tu en voilà ! Il suffit juste d'être un peu curieuse pour les voir, les entendre, les ressentir. Bref, sortez vos antennes !

Je me connecte à l'intuition qui fourmille de partout, autour de moi et en moi !

Il semble que l'intuition n'aime pas trop la routine et préfère, au contraire, les sorties de route. Exit les chemins balisés, oui à l'exploration de nouvelles activités ! Vous voyez, ces activités qui vous ont toujours plu, mais que vous n'avez jamais essayées par manque de temps, de confiance en vous, ou tout simplement d'encouragements. Eh bien, nous, on vous encourage à le faire ! Alors, foncez ! Votre intuition s'éveillera, et il se peut que vous ayez des fulgurances intuitives durant ces expériences.

Ma top-list d'activités intuition-friendly
Je note dès maintenant 3 activités que j'ai envie de tester :

....

....

➾ Fixez-vous un délai (ou un horizon de temps) pour atteindre votre objectif. Plus c'est concret, mieux c'est ! Exemple : m'inscrire à un cours de danse à la rentrée prochaine (septembre). Le rendez-vous est pris !

Ma journée 100 % intuition

On vous propose de vivre une journée 100 % intuition. L'idée ? Se laisser aller. Lâcher prise. Abandonner les « je dois », « il faut », rien qu'une journée, pour accueillir vos manifestations intuitives. Ça vous tente ?

LE MATIN

Commencez par prendre un petit-déjeuner… en pleine conscience ! Rien de tel pour vous réveiller, et vos sens avec ! Préparez-vous un café, thé ou chocolat chaud (observez les nuances de couleur à la surface de votre boisson chaude), sentez l'odeur du pain grillé (si vous optez pour des tartines), vous pouvez aussi vous faire un petit jus de fruits frais ou une salade de fruits, bref, ce qui vous plaît, à déguster… à l'aide de vos 5 sens.

Votre petit-déjeuner terminé, prenez un peu de temps pour vous en pratiquant une séance de relaxation ou de méditation, par exemple. Et ouvrez-vous à la magie de l'instant !

DANS LA JOURNÉE

Ensuite, laissez la journée suivre son cours… sans plan. Ça peut paraître dingue, dit comme ça (surtout pour les accros de la planification), mais essayez de jouer le jeu. Exemple : sortez dans la rue, prenez votre voiture ou les transports en commun et laissez-vous guider par votre intuition. Vous avez envie d'aller à tel endroit ? Allez-y ! À l'inverse, vous ne savez pas où aller ? Ce n'est pas grave. Mettez-vous en mouvement et le reste suivra. L'idée, c'est d'expérimenter ! Vous allez peut-être découvrir de nouveaux lieux, des coins sympas, échanger un sourire juste comme ça, voire faire une rencontre qui changera votre vie ! Qui sait ?

LE SOIR

À la fin de la journée, n'hésitez pas à noter vos ressentis (pensées, émotions, sensations, intuitions). Alors, qu'est-ce que ça fait de vivre une journée totalement imprévue ? Notre petit doigt nous dit que vous allez avoir envie de recommencer…

Post-it citation
« Ne rien prévoir, sinon l'imprévisible. Ne rien attendre, sinon l'inattendu. » (Christian Bobin)
Cette phrase résume à elle seule la philosophie d'une journée 100 % intuition !

Voilà l'été, je déploie mon intuition à son plein potentiel !

Ça sent bon les vacances ! Plage pour les unes, backpack pour les autres. C'est le moment de l'année où l'on peut décompresser, profiter de la dolce vita et faire le plein d'énergie ! D'ailleurs, l'intuition aussi bat son plein. Eh oui, l'été est souvent propice à une forme d'alignement cœur-corps-esprit. Les évènements s'enchaînent bien et, miracle, la voie à suivre nous apparaît nettement !

Je m'éclate dans tous les sens !

Quoi de mieux que l'été pour s'amuser ? Tout en aiguisant vos 5 sens, bien sûr (n'oubliez pas votre objectif : mener une vie plus intuitive et épanouie !). Et franchement, ce ne sont pas les occasions qui manquent ! Allez, on vous donne des idées pour jouer avec votre sixième sens :

Jeu de l'ice cream critic

Le but : profiter de tous ces parfums de glace pour jouer le rôle de... critique gastronomique ! À l'aide d'un complice – qui vous aura préalablement bandé les yeux –, essayez de deviner le ou les parfums de glace qu'il ou elle aura choisi pour vous, à l'appui de vos autres sens :

- Sens olfactif : sentez la glace mystère et décrivez son odeur.
- Sens du toucher : vous pouvez la toucher. Au-delà de sa température, remarquez-vous quelque chose au niveau de sa texture (lisse, granuleuse, peut-être même avez-vous senti des copeaux…) ? Avez-vous déjà l'intuition de la réponse à ce stade ?
- Sens gustatif : de plus en plus intéressant… Quelles sont ses saveurs ? Reconnaissez-vous certains goûts ?

À la fin de l'exercice, synthétisez toutes vos sensations et essayez de deviner le parfum mystère. Que votre intuition vous dit-elle ? Autre variante de cet exercice : vous pouvez choisir de recouvrer la vue, mais vous priver du sens gustatif… C'est à vous de voir !

Intuitive food !
Il faut bien le reconnaître, l'été incite aux excès en tout genre. Or, de nombreuses personnes intuitives indiquent que le choix d'une alimentation saine et équilibrée leur a permis d'être plus à l'écoute de leurs sensations (à commencer par leur corps !), et donc de leur intuition. Existe-t-il une alimentation spéciale « intuition » pour autant ? Pas vraiment. La seule contre-indication (prouvée par la science !) concerne le fluorure, une substance présente dans de nombreux aliments (et dans le dentifrice !). En effet, le fluorure a tendance à calcifier la glande pinéale de notre cerveau (elle ressemble à une mini-pomme de pin), qui assure plusieurs fonctions, notamment celle d'éveiller notre spiritualité… À éviter, donc. Si vous ne pouvez pas faire autrement, le tamarin (fruit tropical) ou le curcuma auraient des effets bénéfiques pour atténuer ses effets, voire l'évacuer complètement de notre organisme.

Jeu des devinettes

Le but : être à l'affût de toutes ces petites occasions qui vous permettront de renforcer votre intuition. Par exemple :

1. Vous n'êtes pas trop sûre de la direction (et avez un peu de temps devant vous), pourquoi ne pas suivre votre intuition ? Vous verrez bien ! Au pire, vous aurez tout le temps de rebrousser chemin.
2. Votre téléphone sonne. Et si vous deviniez qui vous appelle ? Top chrono, c'est parti !
3. Vous êtes invitée à une soirée et ne connaissez pas grand monde... Plutôt que de vous morfondre dans votre coin, profitez-en pour observer les gens. Faites des pronostics (untel pourrait travailler dans tel secteur, être en couple avec untel...) et vérifiez (subtilement) si vous le pouvez.
4. Vous mettez toujours 3 heures à vous décider... Que ce soit pour choisir un plat ou la tenue qui vous ira. Eh bien, forcez-vous à être plus rapide ! Vous n'aurez pas d'autre choix que de vous fier à votre intuition. Il y aura peut-être quelques loupés au début, mais au fur et à mesure, votre intuition deviendra de plus en plus juste.

Rendez-vous p. 92 pour découvrir de nouveaux jeux !

En automne, je me tourne vers mon monde intérieur et mon intuition !

Les feuilles commencent à tomber, l'air se rafraîchit, tout comme notre énergie. L'automne, c'est un peu comme une sorte de grand retour au calme. Quant à notre intuition, elle est toujours bien présente, mais commence à ralentir. Un peu comme nous. La fatigue se fait sentir et on n'est pas à l'abri d'une légère baisse de moral... C'est peut-être le moment de renouer avec sa vraie nature, de se tourner vers son intuition, afin de décoder ses envies et ses besoins profonds. Qu'est-ce que vous en dites ?

Mon exo de sylvothérapie

Et s'il suffisait de câliner un arbre pour se sentir mieux ? C'est ce que propose la sylvothérapie, une approche naturopathique qui repose sur l'idée que le « bain de forêt » aurait un impact bénéfique sur notre santé. Et l'intuition dans tout ça ? Eh bien, quel meilleur moyen que l'appel à la nature pour nous relier aux énergies de la terre, du ciel et, surtout, à notre part intuitive !

Let's go !

1. Rendez-vous en forêt ou dans un parc arboré. Tout d'abord, prenez le temps d'observer : l'agencement, la flore (reconnaissez-vous certaines espèces ?)... Et respirez un grand coup pour vous recentrer, vous connecter à vos sens et vous ouvrir à votre intuition.
2. Ensuite, choisissez un arbre qui vous plaît ou vous attire pour une quelconque raison (pas besoin d'explication, c'est intuitif !). Installez-vous face à lui et contemplez-le. Peut-être sentez-vous déjà sa puissance...
3. Proposez-lui mentalement d'échanger avec vous quelques instants. Frottez la paume de vos mains l'une contre l'autre, puis approchez-les à quelques centimètres du tronc et fermez les yeux. Il n'y a plus qu'à... ressentir !
4. Picotements, émotions, information sous la forme d'une image, un mot, un son... Tout peut arriver. Il suffit de le vouloir, être prête à recevoir (d'ailleurs, vous donnez, vous aussi, à votre façon).
5. Enfin, lorsque l'échange est terminé, ouvrez les yeux. Posez une main sur votre plexus solaire, l'autre sur votre cœur. Vous sentez-vous ressourcée ? Peut-être même que cet échange vous a permis de vous reconnecter un peu plus à vous-même... N'oubliez pas de remercier l'arbre pour cela.

Le petit conseil en +
Il n'est pas indispensable de vous « coller » à l'arbre, d'autant qu'en restant à quelques centimètres de lui seulement, vous serez obligée de vous concentrer (encore plus !) sur vos perceptions ! Eh oui, c'est du boulot d'être une intuitive girl (on l'est ou on ne l'est pas !).

Je passe l'hiver au chaud

Les jours raccourcissent, il fait plus froid (brrr), plus noir. On a presque envie d'hiberner (rappelez-nous quand ce sera l'été !). Tout est en sommeil. Résultat, on perçoit plus difficilement les messages de notre intuition. Il faudra attendre quelques mois avant que tout s'éclaire...

Ma mini-méditation du silence

L'hiver invite à écouter son silence intérieur et c'est justement ce que l'on vous propose de faire à l'aide d'une mini-méditation. Le silence vous permettra de vous écouter, d'accueillir vos éventuels ressentis et/ou manifestations intuitives et de mieux vous connaître.

En pratique

Si vous le pouvez, profitez d'une vue dégagée. Installez-vous confortablement, bien au chaud, et regardez le ciel. Comment est-il ? Bleu, légèrement nuageux, peut-être va-t-il virer au gris… Observez la valse des nuages. Ils ne font que passer, tout comme nos pensées. En méditation, libérée de tout bruit mental, vous serez plus à l'écoute de vous-même et de vos intuitions. Elles pourraient bien pointer le bout de leur nez pendant la méditation !

Le petit conseil en +

Si vous le souhaitez, vous pouvez méditer sur le passage d'une année à l'autre. Qu'est-ce que cela vous inspire ? De même, utilisez ce temps d'introspection pour réfléchir à l'année écoulée et « orienter » l'année suivante. Pour cela, rien de mieux que votre intuition pour vous aider ! Programmez ainsi votre intuition pour vous aider à réaliser vos projets ou vos envies pour l'année à venir !

Souhaits de bonheur à l'attention de mon intuition pour l'année à venir

La veille de la nouvelle année, prenez des petits papiers et écrivez sur chacun d'eux vos « souhaits » (un peu comme une liste au Père Noël !). Écrivez tout ce qui vous passe par la tête, même les idées les plus saugrenues, on s'en fiche. L'idée, c'est de vous exprimer : envies, besoins, rêves les plus fous, allez-y ! Pliez-les et rangez-les dans une petite boîte ou une enveloppe à fermer (c'est important). Vivez votre vie, n'y pensez plus (votre intuition, elle, les aura en tête !) et relisez-les… 365 jours plus tard. Surprise ! Vous allez être étonnée : tout au long de l'année, votre intuition vous aura guidée vers différentes façons de les réaliser. À vous de nous dire combien d'entre eux se sont effectivement réalisés… Plein de vœux exaucés, c'est tout ce que l'on vous souhaite !

Ma check-list de rituels intuitifs à pratiquer en toutes saisons

Le principe ? Choisissez un ou plusieurs rituels par jour (en fonction de ce dont vous avez envie, et du temps que vous pouvez leur consacrer) pour prendre soin de vous et développer votre intuition. Ensuite, passez à l'action !

- ☐ Mes 5 fruits ou légumes (de saison) par jour : on l'a vu, une alimentation saine et équilibrée est bonne pour l'intuition !
- ☐ Mes 2 litres d'eau par jour (objectif : hydratation et meilleure concentration !)
- ☐ Ma journée sans grignotage
- ☐ Ma demi-heure sans technologie (à renouveler au moins 4 fois par jour) : écran, ordi, tablette, téléphone, etc. La technologie peut devenir envahissante et nous couper de nos sens (et de notre intuition par la même occasion) !
- ☐ Mes 5 minutes en mode « flâneuse » : sortir mains dans les poches, faire du lèche-vitrine, s'asseoir sur un banc, regarder les passants… Place à l'inattendu (dans lequel, rappelez-vous, l'intuition adooore s'inviter) !
- ☐ Ma séance de gommage pour faire peau neuve (visage, corps) et vous bichonner, vous et votre intuition !
- ☐ Mes 15 minutes d'automassage
- ☐ Mes 15 minutes de méditation, pour libérer de l'espace mental et faire de la place à votre intuition

- ☐ Mes 10 minutes pour consulter un oracle (cartes, runes ou pendule, par exemple) et exercer votre intuition
- ☐ Mon coucher de bonne heure (aux premiers signes d'endormissement !) pour bien dormir et… bien rêver ! Quels messages intuitifs se cacheront dans vos prochains (et beaux) rêves ?
- ☐ Mon activité ludique et créative (dessin, peinture, bricolage…) : souvenez-vous, créativité et intuition forment très souvent un duo de choc !
- ☐ Mon activité plein-air (balade, jardinage…) pour se ressourcer, renouer avec votre nature et votre intuition
- ☐ Mon activité « vie sociale » (RDV avec une personne qui vous fait du bien, une soirée en famille ou entre amis… bref, de quoi rigoler et refaire le monde !)
- ☐ Mes 5 minutes pour relire mes derniers rêves ou coïncidences, bref, tous les signes qui sont entrés dans votre vie depuis !
- ☐ Mon bilan de l'année passée et la fixation de nouveaux objectifs pour l'année à venir (pensez à écouter et suivre encore plus votre intuition !)

Conclusion

Tout d'abord, bravo d'avoir pris ce temps pour vous ! Désormais, vous avez une meilleure idée de ce qu'est l'intuition (d'ailleurs, on compte sur vous pour le faire savoir !), comment ça marche et, surtout, ce qui marche sur vous.

Pour continuer à pleinement profiter de ses bienfaits, on n'a pas pu s'en empêcher… Derniers conseils vers une vie plus intuitive et épanouie :

- Expérimentez, expérimentez et expérimentez !
- N'ayez pas peur de votre puissance personnelle !
- Enfin, ouvrez-vous à plus grand et faites confiance à la vie !

Mon journal, mon bilan

Eh oui, c'est fini ! Toutes les bonnes choses ont une fin. Mais n'hésitez pas à relire votre cahier, il sera toujours là pour vous aider. Intuitive girl un jour, intuitive girl toujours ! D'ailleurs, c'est le moment de faire le bilan. Prenez quelques instants pour vous remémorer tout ce qui s'est passé : de votre idée de départ lorsque vous l'avez acheté à tout ce que vous avez pu expérimenter (techniques, petits exercices, rituels…). Puis, répondez tranquillement à ces quelques questions.

Mon bilan

Qu'avez-vous appris sur vous-même ?

....

....

....

Qu'est-ce que l'intuition a apporté dans votre vie ?

....

....

....

Quels sont les changements, petits et grands, que vous avez remarqués ?

....

....

....

Existe-t-il encore des freins (peurs, doutes, manque de confiance en soi, difficultés à lâcher prise…) qui vous empêchent d'écouter ou de développer votre intuition ? Si oui, lesquels ? Comment pouvez-vous les dépasser ?

....

....

....

Mon plan d'action

Notez ici toutes les actions que vous envisagez de réaliser pour continuer sur cette belle lancée… Cap sur votre bonheur !

....

....

....

Mes dernières observations

Une dernière remarque à formuler ?

....

....

Le petit conseil en +

Appuyez-vous sur votre journal ou carnet d'intuition, dans lequel vous avez consigné par écrit vos expériences intuitives. Si ce n'est pas le cas, ce n'est pas très grave. Surtout, ne culpabilisez pas ! Peut-être que certains ajustements sont nécessaires… Qu'est-ce qui vous pourrait vous aider ? Quelques pistes de réflexion :

- ▹ Soyez plus souple (prévoir un moment pour écrire dedans une fois par semaine, par exemple), ou moins exhaustive. On peut avoir envie de « tout » écrire (surtout au début), mais ça peut prendre un peu de temps… Résultat, on cède facilement au découragement. Pas de panique ! Concentrez-vous sur l'essentiel.
- ▹ Maintenant que vous avez expérimenté des choses, commencé à apprivoiser votre intuition, capitalisez sur vos victoires personnelles, plutôt que sur les difficultés rencontrées, ou préférez consigner par écrit vos mini-défis. Bref, personnalisez !

Carnet d'adresses

L'auteure

▷ Instagram : @reveillezvous_revelezvous

Lieux et expériences insolites

▷ IRIS, école de l'intuition, qui propose stages et ateliers pour se familiariser avec son intuition et la développer : https://www.iris-ic.com
▷ Les établissements Dans le noir (privée de la vue, un nouvel univers s'offrira à vous !) : https://paris.danslenoir.com
▷ Le Studio des parfums pour découvrir toutes les subtilités des fragrances et créer votre propre parfum : https://studiodesparfums-paris.fr

Gadgets et jeux intuitifs en ligne

▷ Le jeu *Inner Compass Cards* (non traduit de l'anglais) : https://innercompasscards.com
▷ Espace de jeux d'IRIS : https://www.iris-ic.com/jeux/jeux_index.php

Bibliographie

Articles

▷ BARTELS Bianca, « Un jardin de guérison : Se ressourcer chez soi », *Happinez*, n° 44, septembre 2019, pp. 113-119. Tous droits réservés. www.happinez.fr
▷ ELZES Catelijne, « Lire les runes : Elles réveillent ce qui sommeille en vous », *Happinez*, n° 38, décembre 2018, pp. 116-121. Tous droits réservés. www.happinez.fr
▷ FAUVERNIER Lucien, « Sérendipité : cultiver les heureux hasards pour enchanter sa vie », *Psychologies.com*, 04 mars 2020. https://www.psychologies.com
▷ HEIJLIGERS Angélique, « Le "Now Age" : Le retour de l'intuition », *Happinez*, n° 38, décembre 2018, pp. 24-28. Tous droits réservés. www.happinez.fr

▷ MAZELIN SALVI Flavia, « D'où vient notre intuition ? », *Psychologies.com*, 7 juillet 2020 https://www.psychologies.com
▷ PIGANI Erik, « Et si nous étions tous télépathes… », *Psychologies.com*, 23 juin 2010. https://www.psychologies.com
▷ THOOFT Lisette, « Poser des questions rend plus sage », *Happinez*, n° 34, juin 2018, pp. 44-47. Tous droits réservés. www.happinez.fr
▷ THOOFT Lisette, « Et ils vécurent heureux… », *Happinez*, n° 36, septembre 2018, pp. 108-113. Tous droits réservés. www.happinez.fr
▷ VAN BORKULO Nicole, « Un autel chez soi : L'idéal pour se reconnecter », *Happinez*, n° 45, octobre 2019, pp. 66-71. Tous droits réservés. www.happinez.fr

MOOC

▷ MIELCZARECK Vanessa, Le pouvoir de l'intuition, Apprendre à écouter son intuition pour prendre les meilleures décisions. https://www.weelearn.com. Le cours en ligne (payant) : https://www.weelearn.com/nos-cours/developpement-personnel/le-pouvoir-de-l-intuition-vanessa-mielczareck.html

Livres

▷ BODIN Daisy, BODIN Julie, *De l'intuition à la médiumnité*, Eyrolles, 2020
▷ COUVAL Marie-Estelle, CHAMPION Alexis, *Développez votre intuition*, Leduc.S, 2018
▷ FONTAINE Isabelle, *Développez votre intuition pour prendre de meilleures décisions*, Leduc.S, 2013
▷ GABILLIET Philippe, *Éloge de la chance*, J'ai Lu, 2016
▷ MILLÊTRE Béatrice, *Réussir grâce à son intuition*, Payot, 2015
▷ RICHO David, *Le Pouvoir des coïncidences*, Payot, 2012
▷ THALMANN Yves-Alexandre, *Le Décodeur des émotions*, First, 2013
▷ TUAN Laura, *Le Grand Livre des rêves illustré*, De Vecchi, 2014

MON CAHIER MINCEUR
MON CAHIER MINCEUR
MON CAHIER MINCEUR
MON CAHIER MA GROSSESSE ET MOI
MON CAHIER MON BÉBÉ ET MOI
MON CAHIER VENTRE PLAT SPÉCIAL HOMMES
MON CAHIER VENTRE PLAT
MON CAHIER LA DRAGUE ET MOI
MON CAHIER LE SEXE ET MOI
MON CAHIER 100% ANTI-ÂGE
MON CAHIER DÉTOX
MON CAHIER YOGA
MON CAHIER RUNNING
MON CAHIER ABDOS-FESSIERS
MON CAHIER VEGGIE
MON CAHIER MON DRESSING IDÉAL
MON CAHIER BRÛLE-GRAISSE
MON CAHIER PENSÉE POSITIVE
MON CAHIER ANTI-STRESS
MON CAHIER FORME ET MINCEUR APRÈS BÉBÉ
MON CAHIER RÉGIME PALÉO
MON CAHIER PILATES
MON CAHIER BEAUTÉ
MON CAHIER DIGITAL DÉTOX
MON CAHIER STOP AU SUCRE
MON CAHIER SANS GLUTEN
MON CAHIER FITNESS
MON CAHIER MINCIR AVEC LA MÉDECINE CHINOISE
MON CAHIER YOGA DÉTOX
MON CAHIER AQUAFITNESS
MON CAHIER BEACH BODY
MON CAHIER GREEN DÉTOX
MON CAHIER BODY TRAINING
MON CAHIER RÉGIME TOUT CRU
MON CAHIER MÉDITATION
MON CAHIER HUILES ESSENTIELLES
MON CAHIER BOXE TRAINING
MON CAHIER MON CHAT & MOI
MON CAHIER RANGEMENT FEEL GOOD
MON CAHIER TRAIL RUNNING
MON CAHIER YOGA MÉDITATION
MON CAHIER SOFT FITNESS
MON CAHIER BODY MINCEUR
MON CAHIER HAIR BEAUTY
MON CAHIER JOLIE PEAU
MON CAHIER FITNESS FOOD
MON CAHIER DANSE PILATES
MON CAHIER HYGGE HAPPY THÉRAPIE
MON CAHIER YOGA SCULPT
MON CAHIER TATOUAGE
MON CAHIER YOGA FLOW
MON CAHIER OBSTACLE TRAINING
MON CAHIER PERFECT TIMING
MON CAHIER SUPER ORGANISÉE
MON CAHIER MON BULLET AGENDA
MON CAHIER BULLET AGENDA
MON CAHIER MINCEUR HEALTHY
MON CAHIER MINCEUR ZÉRO SUCRE
MON CAHIER STOP SMOKING
MON CAHIER AYURVEDA
MON CAHIER VÉLO TRAINING
MON CAHIER DÉFI VOYAGE SOLO
MON CAHIER HIIT
MON CAHIER CRISTAL POWER

MON CAHIER MACADAMTRAINING
MON CAHIER OBJECTIF MINCEUR EN 12 SEMAINES
MON CAHIER MES 100 MODÈLES BULLET AGENDA
MON CAHIER BAIN DE FORÊT
MON CAHIER ATTITUDE BODY POSITIVE
MON CAHIER PILATES INTENSIF
MON CAHIER PILATES BOOTY
MON CAHIER RITUEL POWER
MON CAHIER LUNE
MON CAHIER MASSAGE
MON CAHIER IKIGAI
MON CAHIER OBJECTIF MINCEUR EN 12 SEMAINES
MON CAHIER MARIAGE
MON CAHIER GREEN POWER
MON CAHIER SOPHRO
MON CAHIER OBJECTIF ZÉRO SUCRE EN 12 SEMAINES
MON CAHIER PILATES MINCEUR
MON CAHIER GAINAGE
MON CAHIER ZÉRO DÉCHET
MON CAHIER TAROT
MON CAHIER OBJECTIF BIKINI EN 12 SEMAINES
MON CAHIER FIT & GREEN
MON CAHIER CARDIO-PILATES
MON CAHIER HUILES ESSENTIELLES AU FÉMININ
MON CAHIER GOOD VIBES
MON CAHIER OBJECTIF BUDGET EN 12 SEMAINES
MON CAHIER OBJECTIF TRAINING EN 12 SEMAINES
MON CAHIER OBJECTIF ZÉRO GRAS EN 12 SEMAINES
MON CAHIER FÉMININ SACRÉ
MON CAHIER COCOONING AVEC LES PLANTES
MON CAHIER YOGA FÉMININ
MON CAHIER MES RITUELS YOGA
MON CAHIER OBJECTIF BODY CHALLENGE EN 12 SEMAINES
MON CAHIER BODY SCULPT
MON CAHIER ASTRO
MON CAHIER YOGA DU VENTRE
MON CAHIER KUNDALINI YOGA
MON CAHIER ZÉRO GRAS
MON CAHIER HAPPY FEELINGS
MON CAHIER STRONG YOGA
MON AGENDA 2021
MON CAHIER 2021
MON CAHIER HIIT YOGA
MON CAHIER INTUITION
MON CAHIER HAPPY AT WORK
MON CAHIER ABDOS SCULPT
MON CAHIER YOGA MINCEUR
MON CAHIER PILATES DÉTOX
MON CAHIER MÉDITATION AVEC LE SON

LES BEAUTIFUL GIRLS, C'EST TOUTE UNE COMMUNAUTÉ !

Retrouvez plein de bonus, de conseils feel good, des recettes, des trainings, et des actus tendance **MADE BY MON CAHIER !**

Un lieu rien que pour vous :

http://mylifeisbeautiful.fr/

Une communauté de filles stylées :

VOUS DÉCHIREZ

mylifeisbeautiful.fr mylifeisbeautiful.fr

Direction : Jean-Louis-Hocq
Direction éditoriale : Marion Guillemet-Bigeard
Édition : Gwladys Greusard
Conception et mise en couleur de la couverture : Stéphanie Brepson
Rabats : Sophie Delannoy
Correction : Zoé Sofer
Mise en pages : Nord Compo
Fabrication : Laurence Duboscq

MIXTE
Papier issu de sources responsables
FSC® C003309
FSC www.fsc.org

© Éditions Solar, 2021, Paris

Tous droits de traduction, d'adaptation et de reproduction par tous procédés, réservés pour tous pays.

ISBN : 978-2-263-17066-9
Code éditeur : L17066
Dépôt légal : mai 2021

Imprimé en France par Clerc
94, rue de la Brasserie, 18200 Saint-Amand-Montrond

SolarEditions
solar_editions

mylifeisbeautiful.fr
mylifeisbeautiful.fr

http://www.mylifeisbeautiful.fr/

Solar, un département d'Edi8
92, avenue de France, 75013 Paris